CAMINHO PARA A PROSPERIDADE

CAMINHO PARA A PROSPERIDADE

MARMADUKE ALVARADO

CONTENTS

First Printing, 2025

Introdução

Alcançar a segurança financeira no mundo de hoje exige a aquisição de certas habilidades essenciais. Essas habilidades não estão escondidas, mas estão prontamente disponíveis para qualquer um pronto para abraçar o compromisso necessário para dominá-las. Infelizmente, muitos indivíduos escolhem permanecer em suas zonas de conforto, subestimando o esforço necessário para atingir a liberdade financeira. Esta introdução visa quebrar essas barreiras e motivá-lo a embarcar em sua jornada em direção à independência financeira.

Você pode se perguntar por que tantas pessoas não conseguem alcançar a liberdade financeira apesar de sua acessibilidade. A verdade é que a maioria das pessoas não se compromete totalmente com o trabalho duro necessário. Elas preferem a familiaridade de sua situação atual à incerteza e ao esforço envolvidos na mudança de suas circunstâncias financeiras. No entanto, ao ler este guia, você já está dando o primeiro passo em direção à mudança. À medida que você avança neste livro, sua paixão pela independência financeira aumentará e você começará a experimentar a liberdade pela qual ansiava.

Considere a analogia do Grand Canyon. A cada ano, cerca de trinta milhões de pessoas de todos os cantos do globo visitam esse magnífico marco. No entanto, apenas cerca de 250.000 conseguem atravessar o cânion completamente, e alguns até precisam da assistência de guardas florestais para voltar. Esse cenário reflete a jornada para a liberdade financeira. Muitos sonham com isso, mas apenas alguns perseveram nos desafios para atingir seus objetivos. A natureza humana tende a favorecer o conforto e a observação em vez do trabalho duro necessário para uma mudança significativa.

Este guia foi criado para ajudar você a superar essas tendências e colocá-lo em um caminho claro para a independência financeira. Alcançar a liberdade financeira é um sonho compartilhado por muitos, mas realizado por poucos. Este livro fornece um plano de ação passo a passo para ajudar você a atingir essa meta. Esteja preparado para uma jornada desafiadora, mas gratificante. Muitas pessoas estão dispostas a se esforçar, investir com sabedoria e administrar seus investimentos de forma eficaz, mas muitas vezes ficam aquém porque não conseguem desenvolver as habilidades necessárias para a segurança financeira.

Ao final deste guia, você terá uma compreensão abrangente das etapas necessárias para atingir a independência financeira. Você respirará o ar de liberdade que vem com a segurança financeira e sentirá a satisfação de saber que assumiu o controle do seu futuro financeiro. Vamos embarcar nessa jornada juntos e transformar seus sonhos em realidade.

CHAPTER 1

Estabelecendo metas financeiras

Ao elaborar seu caminho para a prosperidade, é crucial definir metas financeiras claras e realistas. A jornada de cada indivíduo é única, influenciada por suas circunstâncias pessoais, trajetórias de carreira e aspirações. Considere os exemplos contrastantes de um trabalhador de plataforma de petróleo e um distribuidor de equipamentos de telecomunicações em Portland, Oregon.

Para o distribuidor de telecomunicações, uma meta de um ano pode ser investir em vendas de telecomunicações até que gere renda que supere seus ganhos atuais. Enquanto isso, um trabalhador de plataforma de petróleo pode se concentrar em construir uma carreira sustentável, baseada em viagens, na próxima década. A meta imediata desse trabalhador deve ser mostrar suas habilidades e dedicação a potenciais empregadores, destacando seu valor na indústria de telecomunicações, mesmo que sua estratégia de economia atual não se alinhe perfeitamente com os investimentos típicos em telecomunicações.

Ao organizar seus ativos financeiros, manter suas metas na vanguarda do seu planejamento é essencial. Siga estas etapas para elaborar um plano que aproveite seus pontos fortes e oportunidades:

1. **Avalie seu patrimônio financeiro líquido** : calcule sua situação financeira atual resumindo todos os seus ativos e passivos.
2. **Defina seus objetivos** : Pergunte a si mesmo: "Quanto eu quero valer?" Seus objetivos precisam ser específicos e realistas. Considere como seu resultado final se parece em termos de:
    - **Despesas de aposentadoria** : tenha como objetivo dívida zero e uma aposentadoria confortável.
    - **Aspirações de estilo de vida** : Talvez você sonhe em ter uma casa de férias no Caribe.
    - **Aquisições pessoais** : Talvez você esteja pensando em uma grande coleção de móveis antigos de mogno.
    - **Filantropia** : você pode ter como objetivo estabelecer uma fundação que beneficie uma causa próxima ao seu coração.

Quanto mais claros forem seus objetivos, melhor você poderá planejar seu caminho para alcançá-los.

Quatro números-chave a serem considerados em suas metas financeiras:

1. **Renda** : Qual é sua renda atual e qual é sua meta?
2. **Despesas** : Quais são suas despesas atuais e como você pode reduzi-las para aumentar a economia?
3. **Poupança** : Qual é o valor atual da sua poupança e qual é a sua meta de poupança?
4. **Investimentos** : Quais investimentos você tem atualmente e quais novos investimentos podem ajudá-lo a atingir suas metas financeiras?

Depois de ter esses quatro números-chave em mente, você pode começar a criar um plano passo a passo para atingir suas metas financeiras. Lembre-se, suas metas precisam ser específicas e realistas para serem atingíveis.

Seguindo esses passos, você estará no caminho certo para a independência financeira. Definir metas financeiras não é apenas sonhar, mas criar um plano concreto que transforme esses sonhos em realidade. Sua jornada para a liberdade financeira começa com a visão clara de onde você quer estar e o compromisso inabalável de chegar lá.

CHAPTER 2

Criando um orçamento

Criar um orçamento estrategicamente é a base para aumentar sua riqueza e fazer seu dinheiro trabalhar para você. Um orçamento bem estruturado ajuda você a gerenciar suas finanças de forma eficaz, garantindo que você cumpra suas obrigações e economize para o futuro. Vamos decompô-lo passo a passo.

Comece com as contas mensais : o primeiro passo é pagar suas contas mensais. Crie uma lista abrangente de todas as suas contas, incluindo aluguel ou hipoteca, serviços públicos, seguro, compras de supermercado e quaisquer outras despesas recorrentes. Quando seu contracheque chegar, compare os valores com seu contracheque e mantenha um cronograma de quando os pagamentos vencem. Sua meta deve ser pagar integralmente suas contas mensais com um contracheque a cada mês, independentemente de quantos contracheques você recebe em um mês. Essa abordagem garante que um de seus contracheques seja dedicado exclusivamente a cobrir suas despesas essenciais.

Estratégia de Poupança : Depois que suas contas mensais forem cobertas por um salário, você pode começar a poupar o outro. Comece se educando sobre várias opções de poupança e investimento para a aposentadoria. Pesquise planos 401(k), contas de aposentadoria para pequenas empresas, contas de poupança, certificados de depósito (CDs) e outros veículos de investimento. Escolha uma combinação de opções que melhor se ajuste às suas metas de riqueza e tolerância ao risco.

Estrutura do orçamento : depois de se educar, estruture seu orçamento para contribuir com uma conta poupança ou investimento a cada mês. Algumas pessoas podem economizar 20% de sua renda, mas começar com 10% é comum até que você se torne mais organizado. Configure transferências automáticas para mover o dinheiro para sua conta poupança ou investimento a cada mês e depois esqueça isso — deixe o dinheiro crescer ao longo do tempo. Depois de entender quanto e quando o dinheiro está saindo de sua conta, você pode se concentrar em economizar os 80% restantes, menos quaisquer doações de caridade.

Orientação sobre seguros : Michael Jordan, um agente de seguros licenciado para NJ, PA, DE e MD, é um guia experiente que pode ajudar você a navegar em suas opções de seguro. Ela pode instruí-lo sobre como selecionar o melhor mercado para seu negócio, garantir uma fiança, decidir se um 401(k) é o certo para você e escolher o pacote de benefícios certo para seus funcionários. Como uma agência de seguros de propriedade de mulheres minoritárias, ela entende as necessidades específicas de seguro de proprietários de negócios minoritários. Seja seu negócio com ou sem fins lucrativos, grande ou pequeno, na indústria de manufatura, serviços profissionais, indústria comercial, varejo ou indústria alimentícia, ela está aqui para atendê-lo.

Criar um orçamento não é apenas sobre rastrear despesas — é sobre assumir o controle do seu futuro financeiro. Seguindo essas etapas, você será capaz de gerenciar suas finanças de forma mais eficaz, aumentar sua riqueza e atingir suas metas financeiras. A jornada para a independência financeira começa com um plano de orçamento sólido, então reserve um tempo para criar um que funcione para você.

CHAPTER 3

Poupança e Investimento

Uma regra crucial para alcançar a liberdade financeira é investir seu dinheiro com sabedoria. A realidade é que um dia você pode não querer mais trabalhar, ou as circunstâncias podem impedi-lo de trabalhar. É essencial se preparar para esse momento fazendo seu dinheiro trabalhar para você.

Muitas pessoas procrastinam, pensando que têm tempo de sobra para começar a investir, ou fogem disso porque se sentem sobrecarregadas pela complexidade dos investimentos. Essa mentalidade é prejudicial e enganosa. Muitas vezes, o problema real é o desejo pela segurança percebida de um relacionamento empregado-empregador, que, em última análise, não é garantido. As pessoas afirmam que a vida de um funcionário é simples e sem riscos, mas nenhum emprego está a salvo de redução de pessoal da empresa, crises econômicas ou mudanças de mercado. Todos os dias, milhares de empregos são perdidos, destacando a importância da independência financeira por meio do investimento.

A regra dos 30%

Outro princípio vital para alcançar a liberdade financeira é a **regra dos 30%** , que sugere economizar 30% da sua renda. À primeira vista, isso pode parecer uma tarefa assustadora, mas considere isto: se você não economizar seu dinheiro, o que fará com ele? A regra o incentiva a planejar com antecedência , criando uma almofada financeira que pode cobrir seis meses de despesas em caso de emergências.

Inicialmente, economizar 30% pode parecer desafiador, e você pode não conseguir atingir essa meta imediatamente. No entanto, o objetivo é aumentar gradualmente sua economia até que você consiga separar esse valor de forma consistente. Esse método de economia intencional — planejamento com um propósito — torna mais fácil economizar dinheiro quando você tem metas financeiras claras e uma visão para seu futuro.

Investir com propósito

Investir não é apenas economizar dinheiro, mas fazê-lo crescer. Ao investir com sabedoria, você pode criar uma fonte sustentável de renda que o apoiará no futuro. Aqui estão alguns pontos-chave a serem considerados ao iniciar sua jornada de investimento:

1. **Eduque-se** : Tire um tempo para aprender sobre diferentes opções de investimento, como ações, títulos, fundos mútuos, imóveis e contas de aposentadoria, como planos 401(k). Entender essas opções ajudará você a tomar decisões informadas.
2. **Comece pequeno** : você não precisa investir uma grande quantia de dinheiro inicialmente. Comece com o que você pode pagar e aumente gradualmente seus investimentos conforme você se sentir mais confortável e informado.
3. **Diversifique** : Espalhe seus investimentos em diferentes classes de ativos para minimizar o risco. A diversificação ajuda a proteger seu portfólio da volatilidade do mercado.
4. **Defina Metas** : Defina suas metas de investimento claramente. Seja economizar para a aposentadoria, comprar uma casa ou financiar a educação dos seus filhos, ter metas específicas guiará sua estratégia de investimento.

5. **Mantenha-se consistente** : faça do investimento uma parte regular da sua rotina financeira. Configure transferências automáticas para suas contas de investimento para garantir que você contribua consistentemente para sua riqueza futura.

O papel de um consultor financeiro

Considere buscar aconselhamento de um consultor financeiro. Profissionais como Michael Jordan, um agente de seguros licenciado para NJ, PA, DE e MD, podem ajudar você a navegar pelas complexidades de investimentos e seguros. Ela pode fornecer orientação sobre como selecionar as melhores opções de investimento, garantir os títulos necessários e escolher pacotes de benefícios adequados para seus funcionários. Como uma agência de seguros de propriedade de mulheres minoritárias, ela entende as necessidades únicas dos proprietários de negócios minoritários e pode adaptar seu conselho à sua situação específica.

CHAPTER 4

Gerenciando Dívidas

Para alcançar a liberdade financeira, é crucial se livrar do fardo da dívida. Dívida excessiva não só limita suas oportunidades financeiras, mas também adiciona estresse desnecessário à sua vida. Aqui estão algumas estratégias essenciais para gerenciar e reduzir dívidas de forma eficaz.

Entendendo o Impacto da Dívida : Antes de tudo, reconheça que acumular dívidas pode ser um obstáculo significativo à liberdade financeira. Dívidas excessivas restringem sua capacidade de investir e aumentar sua riqueza. É importante entender as consequências da dívida e se comprometer com estratégias que minimizem seu impacto em sua saúde financeira.

Estratégias para evitar dívidas :

1. **Evite compras desnecessárias** : A estratégia mais direta para evitar dívidas é não comprar itens que você não pode pagar. Essa tática simples pode evitar muitos problemas relacionados a dívidas. Antes de fazer qualquer compra, pergunte a si mesmo se é uma necessidade ou um desejo, e se você tem os meios para pagar por ela sem recorrer ao crédito.
2. **Elimine os cartões de crédito** : os cartões de crédito são frequentemente chamados de "os criadores de dívidas" da

história financeira. Eles podem ser ferramentas tentadoras que levam a gastos excessivos e ao acúmulo de dívidas com juros altos. Considere se livrar dos seus cartões de crédito ou pelo menos limitar seu uso apenas a emergências. Isso ajudará você a evitar cair na armadilha do crédito rotativo.

A Regra dos 30% : Outra regra crucial para gerenciar dívidas e alcançar a liberdade financeira é a **regra dos 30%** , que sugere que você deve economizar 30% da sua renda. Embora isso possa parecer uma porção substancial, é essencial antecipar necessidades futuras e construir uma reserva financeira. Tente economizar o suficiente para cobrir pelo menos seis meses de despesas em caso de emergências.

Dicas práticas para gerenciar dívidas :

1. **Crie um orçamento** : desenvolver um orçamento é um passo fundamental no gerenciamento de dívidas. Liste todas as suas despesas mensais, incluindo dívidas, e compare-as com sua renda. Aloque fundos para pagar suas dívidas sistematicamente, garantindo que você cubra suas despesas essenciais.
2. **Priorize o Pagamento de Dívidas** : Concentre-se em pagar dívidas de juros altos primeiro, como saldos de cartão de crédito. Uma vez que elas estejam sob controle, você pode lidar com outras dívidas. Considere usar métodos como a abordagem bola de neve ou avalanche para reduzir sistematicamente sua dívida.
3. **Economize antes de gastar** : se você não pode pagar por algo agora, significa que você não tem dinheiro para isso no momento . Em vez de adquirir dívidas, economize para sua compra. Essa abordagem não apenas ajuda você a evitar dívidas, mas também instila o hábito de economizar.

4. **Procure aconselhamento profissional** : Às vezes, administrar dívidas pode ser exaustivo. Considere buscar aconselhamento de consultores financeiros que podem fornecer estratégias personalizadas para gerenciamento de dívidas e planejamento financeiro.

Mudando sua mentalidade financeira : entenda que adquirir dívidas de forma imprudente é semelhante a cometer sabotagem financeira. Seja inteligente e responsável sobre suas decisões financeiras. Se você planeja fazer uma compra significativa no futuro, economize para isso em vez de depender de crédito. Essa mudança de mentalidade ajudará você a manter o controle sobre suas finanças e trabalhar em direção à liberdade financeira.

Gerenciar dívidas é um passo crítico na sua jornada para a independência financeira. Ao evitar dívidas desnecessárias, priorizar o pagamento de dívidas e adotar uma abordagem disciplinada para gastar e economizar, você pode construir uma base financeira sólida que suporte seus objetivos de longo prazo.

CHAPTER 5

Construindo múltiplas fontes de renda

Um dos princípios fundamentais para alcançar a independência financeira é criar múltiplos fluxos de renda. Diversificar suas fontes de renda não apenas melhora a estabilidade financeira, mas também acelera a acumulação de riqueza. Vamos explorar como construir estrategicamente esses fluxos de renda.

Renda Ativa : Renda ativa é o ganho que você recebe em troca do seu tempo e esforço, como seu salário de emprego em tempo integral, freelancer ou funções ativas em um negócio. Estabelecer uma base sólida de renda ativa é essencial, pois fornece o capital inicial necessário para investimentos e outros esforços de construção de riqueza. A renda ativa financia seus investimentos, concede a você a liberdade de perseguir seus sonhos e o equipa com o conhecimento necessário para a transição para outros fluxos de renda menos ativos.

A Importância de Múltiplos Fluxos : Indivíduos ricos e bem-sucedidos raramente dependem de um único fluxo de renda. Diversificar suas fontes de renda é uma abordagem mais sensata e estável. Ajuda a proteger contra potenciais perdas de renda e fornece uma rede de segurança durante flutuações econômicas ou eventos inesperados da vida. Construir múltiplos fluxos de renda pode parecer assustador inicialmente, mas começar cedo torna essa tarefa mais administrável e benéfica a longo prazo.

Tipos de fluxos de renda :

1. **Earned Income** : Dinheiro ganho trabalhando ativamente em um emprego ou negócio. Esta é sua principal fonte de renda ao começar.
2. **Lucro** : ganhos obtidos com a compra e venda de produtos, como administrar uma loja de comércio eletrônico ou participar do mercado de ações.
3. **Renda de juros** : dinheiro ganho ao emprestar seu dinheiro a terceiros, como por meio de contas de poupança, títulos ou plataformas de empréstimos entre pares.
4. **Renda de dividendos** : ganhos provenientes da posse de ações em empresas que pagam dividendos aos seus acionistas.
5. **Renda de aluguel** : dinheiro ganho com o aluguel de imóveis, sejam eles residenciais ou comerciais.
6. **Ganhos de capital** : lucros provenientes da venda de investimentos, como ações, imóveis ou outros ativos, a um preço mais alto do que o pago por eles.
7. **Renda de royalties** : ganhos com o licenciamento de seus trabalhos criativos, como livros, músicas, patentes ou marcas registradas, para terceiros.

Passos para construir múltiplas fontes de renda :

1. **Comece com Renda Ativa** : Garanta uma fonte confiável de renda ativa por meio de emprego em tempo integral, trabalho freelancer ou administração de um negócio. Isso forma a base para sua estabilidade financeira.

2. **Invista com sabedoria** : Use uma parte da sua renda ativa para investir em várias classes de ativos. Diversifique seus investimentos para distribuir riscos e aumentar os retornos potenciais.
3. **Alavancar habilidades e hobbies** : Identifique habilidades ou hobbies que podem ser monetizados. Por exemplo, considere oferecer serviços de consultoria, criar cursos online ou vender produtos artesanais.
4. **Explore oportunidades de renda passiva** : invista em imóveis para alugar, ações que pagam dividendos ou plataformas de empréstimos peer-to-peer para gerar renda passiva. Esses fluxos de renda exigem menos envolvimento ativo uma vez configurados.
5. **Reinvestir Lucros** : Reinvista continuamente os lucros de seus vários fluxos de renda para aumentar ainda mais sua riqueza. Juros compostos e reinvestimento podem acelerar significativamente a acumulação de riqueza.
6. **Mantenha-se informado e adapte-se** : mantenha-se a par das tendências do mercado e busque continuamente novas oportunidades de renda. Adapte suas estratégias às condições econômicas e circunstâncias pessoais em mudança.

Construir múltiplos fluxos de renda não é tão assustador quanto parece. Existem inúmeras maneiras de estabelecer fontes de renda paralelas e sobrepostas, cada uma contribuindo para um futuro financeiro mais seguro e próspero. Ao diversificar sua renda, você cria uma base financeira resiliente que pode resistir às incertezas da vida e pavimentar o caminho para a liberdade financeira.

CHAPTER 6

Construindo um Fundo de Emergência

Um fundo de emergência é uma rede de segurança financeira crucial que atua como uma almofada durante eventos inesperados, como perda de emprego, emergências médicas ou outras crises financeiras. Ao manter e contribuir regularmente para um fundo de emergência, você pode garantir que está preparado para as incertezas da vida e evitar cair em dificuldades financeiras.

A Importância de um Fundo de Emergência : Um fundo de emergência serve como um amortecedor, permitindo que você se recupere quando enfrentar desafios financeiros imprevistos. Aqueles que têm um fundo de emergência e contribuem para ele regularmente raramente, ou nunca, passam por calamidades financeiras. A necessidade de ter um fundo de emergência não pode ser exagerada, e aqueles que seguem esse conselho frequentemente se encontram mais bem preparados para as reviravoltas inesperadas da vida.

Aprendendo com as experiências dos outros : Muitas pessoas só percebem a importância de um fundo de emergência depois de passar por uma crise financeira. Ao espalhar a palavra sobre os benefícios de um fundo de emergência, podemos ajudar outras pessoas a evitar situações semelhantes. Alguns indivíduos, humilhados pelos eventos da vida, gostariam de ter ouvido esse conselho antes. Evitar a comiseração e tomar medidas proativas para construir um fundo de emergência pode evitar que calamidades financeiras piorem devido à falta de preparação.

A Realidade da Preparação Financeira : Apesar do conselho frequente para manter um fundo de emergência, muitas pessoas ainda não têm dinheiro guardado ou investido no momento de uma crise financeira. Essa falta de preparação geralmente se estende à cobertura de necessidades básicas , levando a problemas financeiros mais graves. Entender a necessidade de um fundo de emergência é o primeiro passo para proteger seu futuro financeiro.

O que é um fundo de emergência? : Um fundo de emergência é simplesmente a solução perfeita para as incertezas da vida. Essas incertezas, sejam planejadas ou não, podem impactar significativamente as finanças de um indivíduo ou família. O objetivo principal de um fundo de emergência é evitar que uma situação temporária se torne um revés financeiro mais permanente. Ele evita que as muitas crises da vida drenem seus recursos financeiros.

Por que muitas pessoas não são proativas : Infelizmente, muitas pessoas não são proativas quando se trata de construir um fundo de emergência. É como assistir alguém prestes a ser mordido por uma cobra quando um sinal de alerta claro está presente. A maioria dos que são mordidos não dá ouvidos ao aviso. Alguns podem ficar bravos e tentar culpar os outros, mas, no final das contas, é uma questão de supervisão pessoal. Ser avisado sobre potenciais calamidades financeiras é metade da batalha.

Passos para construir um fundo de emergência :

1. **Avalie suas despesas mensais** : calcule suas despesas mensais, incluindo aluguel/hipoteca, serviços públicos, compras de supermercado, transporte e outras necessidades.

2. **Defina uma meta de economia** : tente economizar o suficiente para cobrir pelo menos três a seis meses de despesas de vida. Esse valor servirá como sua reserva financeira durante emergências.
3. **Crie uma conta poupança separada** : Abra uma conta poupança separada especificamente para seu fundo de emergência. Isso ajuda a manter os fundos separados do seu dinheiro de gastos regulares e reduz a tentação de recorrer ao fundo para não emergências.
4. **Contribua regularmente** : configure transferências automáticas da sua conta principal para o seu fundo de emergência. Mesmo contribuições pequenas e consistentes podem aumentar com o tempo.
5. **Priorize seu Fundo de Emergência** : Antes de fazer compras discricionárias, priorize a construção de seu fundo de emergência. Depois de atingir sua meta de economia, você pode alocar fundos para outras prioridades financeiras.
6. **Evite usar o fundo para não emergências** : use seu fundo de emergência somente para emergências genuínas, como perda de emprego, contas médicas ou grandes despesas inesperadas. Resista à vontade de recorrer a ele para compras não essenciais.

Construir um fundo de emergência é um passo proativo em direção à segurança financeira. Ao estar preparado, você pode mitigar o impacto das incertezas da vida e garantir que contratempos temporários não se transformem em problemas financeiros de longo prazo. Lembre-se, estar avisado vale por dois — tome as medidas necessárias hoje para proteger seu futuro financeiro.

CHAPTER 7

Protegendo sua riqueza

Um plano abrangente de acumulação e preservação de riqueza envolve alguma forma de proteção e seguro. É essencial proteger seus ativos e renda contra eventos imprevistos. Vamos nos aprofundar nos vários tipos de seguro que você deve considerar para proteger sua riqueza de forma eficaz.

Proprietários de imóveis, locatários e seguro de automóveis : esses tipos de seguro são de senso comum, mas muitas pessoas os tomam como garantidos. Valide a qualidade do seu seguro em primeira mão. Considerando que seus bens importantes estarão estacionados lá, não economize na qualidade do seu seguro residencial. Assegure não apenas a casa, mas também o valor de reposição de todos os seus móveis. Infelizmente, essa é frequentemente a única maneira de garantir que os agentes de seguros paguem em caso de sinistro.

Seguro de vida : Quando se trata de seguro de vida, uma abordagem comum é obter todos os três: seguro de vida, saúde e invalidez. O seguro de vida garante que seus dependentes (filhos e/ou cônjuge) estejam protegidos financeiramente se algo acontecer com você. Existem dois tipos principais de seguro de vida:

1. **Seguro de vida a termo** : fornece cobertura por um período específico. Geralmente é mais acessível e ideal se você tem dependentes que dependem da sua renda.
2. **Seguro de Vida Permanente** : Oferece cobertura vitalícia e tem um componente de investimento. No entanto, pode não ser sempre a melhor opção de investimento.

De acordo com a especialista financeira Suze Orman, "Faça seguro contra o catastrófico, não contra a inconveniência". Seja cauteloso com o financiamento (pagamento de juros) do seu seguro de vida ou outros custos ocultos. Peça uma análise comparativa personalizada das cinco melhores apólices para cada tipo de seguro.

Seguro de invalidez : Este tipo de seguro é crucial, pois protege seu bem mais importante — sua renda. Se o seguro de invalidez não for coberto pelo seu empregador, é essencial obter alguma forma de cobertura. O seguro de invalidez garante que você possa manter sua estabilidade financeira no caso de não poder trabalhar devido a doença ou lesão. Funcionários do governo federal, por exemplo, têm um plano de seguro de cuidados de longo prazo (LTC) em grupo, que pode ser um benefício valioso.

Seguro de Cuidados de Longo Prazo : O Seguro de Cuidados de Longo Prazo (LTC) é projetado para cobrir os custos de serviços de cuidados de longo prazo, como casas de repouso ou cuidados em casa. Para funcionários do governo federal, o Thrift Savings Plan (TSP) oferece um empréstimo limitado de uso geral quando eles mudam para um status inativo. O TSP é considerado o seguro LTC mais barato e flexível disponível.

Seguro de saúde : O seguro de saúde é essencial para cobrir despesas médicas e garantir acesso a serviços de saúde. É importante ter uma apólice que atenda às suas necessidades e forneça cobertura adequada para cuidados médicos de rotina e emergência.

Dicas de seguro :

- **Faça sua pesquisa** : compare diferentes apólices de seguro para encontrar a melhor cobertura pelo preço mais acessível. Peça uma análise comparativa para ajudar você a tomar uma decisão informada.
- **Entenda sua cobertura** : certifique-se de entender completamente o que está coberto pela sua apólice e quaisquer exclusões ou limitações.
- **Revise regularmente** : Revise regularmente suas apólices de seguro para garantir que elas ainda atendam às suas necessidades. Mudanças de vida, como casamento, filhos ou avanços na carreira, podem exigir ajustes em sua cobertura.

Proteger sua riqueza por meio de seguro é um passo proativo em direção à segurança financeira. Ao garantir que você tenha a cobertura certa para seus ativos e renda, você pode mitigar o impacto das incertezas da vida e proteger seu futuro financeiro.

CHAPTER 8

Construindo um plano de aposentadoria

Ao considerarmos nossa abordagem para a aposentadoria, é essencial reconhecer que viver mais significa planejar um período de aposentadoria mais longo. Com a expectativa de vida aumentando, aposentar-se aos 65 anos pode exigir o financiamento de 20 a 30 anos de despesas de subsistência. Se você escolher se aposentar mais cedo, talvez para ficar mais perto de seus filhos e netos, precisará se preparar para uma aposentadoria ainda mais longa.

A importância do planejamento antecipado : começar seu planejamento de aposentadoria e economias cedo é crucial. Assim como no planejamento de carreira e na compra de uma casa, quanto mais cedo você começar, mais fácil será atingir suas metas de aposentadoria. O diálogo aberto e atualizações consistentes em seu plano de aposentadoria podem reduzir o desconforto quando ajustes forem necessários. Inclua a próxima geração nessas discussões, pois as escolhas de carreira e financeiras serão cada vez mais passadas de geração para geração por meio das famílias.

Visualizando sua aposentadoria : O primeiro passo para mapear sua aposentadoria é visualizar como você quer que ela seja. Embora as expectativas da sociedade tradicionalmente tenham pintado a aposentadoria como um momento para viagens e lazer, os profissionais de hoje podem moldar uma aposentadoria que se adapte aos seus desejos. Considere quais atividades lhe trazem felicidade e o que é significativo para você. Saber esses detalhes permite que você planeje adequadamente sua aposentadoria, seja seu objetivo viajar, ser voluntário, passar tempo com a família ou continuar trabalhando em uma função de meio período.

Analisando suas metas de aposentadoria :

1. **Planejamento baseado em atividades** :
    - **Viagem** : Se você sonha em viajar, pesquise destinos e estime os custos envolvidos. Considere a frequência com que planeja viajar e as despesas associadas.
    - **Voluntariado** : se retribuir à comunidade é importante para você, explore oportunidades de voluntariado e quaisquer custos relacionados, como transporte ou materiais.
    - **Tempo em família** : se passar tempo com a família é sua prioridade, considere os custos das atividades, reuniões familiares e a possibilidade de fornecer apoio financeiro aos seus entes queridos.
    - **Trabalho de meio período** : se você planeja continuar trabalhando de alguma forma, identifique o tipo de trabalho que você gosta e a renda que ele pode gerar.
2. **Planejamento baseado em custos** :
    - **Moradia** : determine suas necessidades de moradia e os custos associados, independentemente de você planejar reduzir o tamanho da casa, realocar-se ou manter sua residência atual.

- **Assistência médica** : contabilize despesas com assistência médica, incluindo prêmios de seguro, custos diretos e cuidados de longo prazo.
- **Estilo de vida** : Estime as despesas diárias, como compras de supermercado, serviços públicos, transporte e entretenimento.
- **Poupança e Investimentos** : Calcule quanto você precisa poupar e investir para cobrir suas despesas de aposentadoria. Considere fatores como inflação, flutuações de mercado e potenciais mudanças em seu estilo de vida.

Incluindo a próxima geração : Incorpore sua família em suas discussões de planejamento de aposentadoria. A compreensão e o apoio deles podem tornar a transição mais suave. Além disso, educar a próxima geração sobre planejamento financeiro garante que eles estejam preparados para o futuro.

Revisões e ajustes regulares : revise e atualize regularmente seu plano de aposentadoria para refletir mudanças em suas metas, situação financeira ou circunstâncias de vida. Essa abordagem proativa ajuda você a permanecer no caminho certo e fazer os ajustes necessários conforme necessário.

Construir um plano de aposentadoria é criar uma visão para seu futuro e tomar as medidas necessárias para alcançá-lo. Ao planejar com antecedência, visualizar sua aposentadoria ideal e incluir sua família no processo, você pode criar uma aposentadoria gratificante e segura que reflita suas aspirações.

CHAPTER 9

Planejamento patrimonial

O planejamento patrimonial é uma parte crucial do gerenciamento de sua riqueza, pois garante que seus ativos sejam distribuídos de acordo com seus desejos e ajuda a minimizar a carga de imposto sobre herança quando você falecer. Ao utilizar várias ferramentas e estratégias de planejamento patrimonial, você pode proteger seus entes queridos e prover o futuro deles. Vamos nos aprofundar em alguns aspectos essenciais do planejamento patrimonial.

Minimizar impostos sobre herança : para reduzir a carga tributária sobre sua herança, considere usar ferramentas como fundos revogáveis, doações anuais e titularidade adequada de ativos. Muitos estados impõem seus próprios impostos sobre herança, então é importante minimizar os impostos federais e estaduais. Cada herança é única, então é aconselhável falar com um advogado de planejamento patrimonial que pode orientá-lo de acordo com as leis do seu estado.

A importância de um testamento : se você tem bens para deixar para trás, é imperativo ter um testamento que declare claramente quem recebe o quê após sua morte. A complexidade do seu testamento pode depender do número de entes queridos e da extensão dos seus bens. No mínimo, certifique-se de definir designações "POD" (Pagável em caso de Morte) em todas as suas contas bancárias. Essa designação atua como um beneficiário para suas contas bancárias, permitindo que seus herdeiros acessem fundos para despesas de funeral, contas e outros custos imediatos sem lidar com inventário.

Seguro de vida : considere obter um seguro de vida temporário, especialmente se você tiver dependentes que dependem de sua renda. O seguro de vida temporário fornece suporte financeiro para sua família por vários anos no caso de sua morte inesperada. Isso garante que seus entes queridos estejam protegidos financeiramente e possam manter seu estilo de vida.

Seguro de invalidez : O seguro de invalidez é essencial para proteger sua renda, seu bem mais valioso . Se seu empregador não fornece seguro de invalidez, é importante garantir sua própria cobertura. O seguro de invalidez garante que você possa manter a estabilidade financeira se ficar incapacitado para trabalhar devido a doença ou lesão.

Trusts para Filhos Menores : Estabelecer um trust para filhos menores é outro aspecto importante do planejamento patrimonial. Trusts permitem que você administre e proteja ativos para seus filhos até que eles atinjam a idade adulta. Você pode especificar como e quando os ativos são distribuídos, garantindo que as necessidades de seus filhos sejam atendidas.

Doação Anual : Doação anual é uma estratégia para reduzir seu patrimônio tributável dando presentes para seus entes queridos a cada ano. O IRS permite que você doe uma certa quantia anualmente sem incorrer em impostos sobre doações. Isso não apenas reduz sua carga de imposto sobre herança, mas também permite que você veja seus entes queridos se beneficiarem de sua generosidade durante sua vida.

Titulação Adequada de Ativos : Garanta que seus ativos sejam titulados corretamente. A titulação adequada pode evitar inventário e garantir uma transferência tranquila de ativos para seus herdeiros. Por exemplo, a propriedade conjunta com o direito de sobrevivência permite que a propriedade passe diretamente para o proprietário sobrevivente sem passar pelo inventário.

Equívocos comuns : Algumas pessoas adiam o planejamento patrimonial porque não gostam de pensar sobre sua morte. No entanto, reservar um tempo para se encontrar com um advogado e organizar as coisas adequadamente pode proporcionar paz de espírito. Saber que seus negócios estão em ordem e que seus entes queridos serão cuidados pode ser bastante reconfortante.

Passos para um planejamento patrimonial eficaz :

1. **Consulte um advogado** : Trabalhe com um advogado de planejamento patrimonial para garantir que seu plano seja legalmente sólido e esteja alinhado às leis estaduais.
2. **Elabore um testamento** : descreva claramente a distribuição dos seus bens e designe tutores para filhos menores, se aplicável.
3. **Criar fundos fiduciários** : criar fundos fiduciários para administrar e proteger ativos de filhos menores ou outros beneficiários.
4. **Designar beneficiários** : atribuir designações "POD" em contas bancárias e outros ativos financeiros.
5. **Considere um seguro de vida e invalidez** : proteja sua renda e sustente seus dependentes com apólices de seguro adequadas.
6. **Planeje os impostos sobre herança** : utilize estratégias como doações anuais e titulação adequada dos ativos para minimizar a carga tributária.

O planejamento patrimonial é um processo vital que garante que sua riqueza seja administrada e distribuída de acordo com seus desejos. Ao tomar medidas proativas e trabalhar com profissionais, você pode proteger seus entes queridos e garantir seu futuro financeiro.

CHAPTER 10

Estratégias de Planejamento Tributário

O planejamento tributário é um componente essencial para aumentar e preservar sua riqueza. O planejamento tributário eficaz permite que você minimize sua responsabilidade tributária, garantindo que você retenha mais do seu dinheiro arduamente ganho. Vamos explorar algumas estratégias e considerações importantes para um planejamento tributário eficaz.

Compreendendo as faixas de impostos : para contextualizar, aqui estão as faixas de impostos de 2016 para diferentes status de declaração:

- **Solteiro** :
    - $ 0 a $ 9.275 – 10%
    - $ 9.276 a $ 37.650 – 15%
    - $ 37.651 a $ 91.150 – 25%
    - $ 91.151 a $ 190.150 – 28%
    - $ 190.151 a $ 370.300 – 33%
    - $ 370.301 e acima – 39,6%
- **Casado que faz declaração conjunta ou viúvo(a) qualificado(a)** :

  - $ 0 a $ 18.550 – 10%
  - $ 18.551 a $ 75.300 – 15%
  - $ 75.301 a $ 151.900 – 25%
  - $ 151.901 a $ 231.450 – 28%
  - $ 231.451 a $ 413.350 – 33%
  - $ 413.351 e acima – 39,6%
- **Casado declarando separadamente** :
  - $ 0 a $ 9.275 – 10%
  - $ 9.276 a $ 37.650 – 15%
  - $ 37.651 a $ 75.950 – 25%
  - $ 75.951 a $ 115.725 – 28%
  - $ 115.726 a $ 206.675 – 33%
  - $ 206.676 e acima – 39,6%
- **Chefe de família** :
  - $ 0 a $ 13.250 – 10%
  - $ 13.251 a $ 50.400 – 15%
  - $ 50.401 a $ 130.150 – 25%
  - $ 130.151 a $ 210.800 – 28%
  - $ 210.801 a $ 413.350 – 33%
  - $ 413.351 e acima – 39,6%

Embora esses números sejam de 2016 e as faixas de impostos possam ter mudado, o conceito de entender onde sua renda se enquadra nessas faixas continua sendo crucial para um planejamento tributário eficaz.

A Importância do Planejamento Tributário : O planejamento tributário é uma das etapas mais críticas na gestão de patrimônio. O IRS exige informações sobre sua renda e permite que você deduza certas despesas para reduzir seus impostos. Embora possa parecer que algumas pessoas pagam mais impostos do que outras, todos pagam impostos de acordo com as opções legais disponíveis. Em uma escala mais ampla, os impostos pagos geralmente acabam sendo bastante justos para todos. O bilionário Warren Buffett notou que pagou menos em impostos pessoais do que muitos de seus funcionários, parentes e amigos, em relação aos ganhos que obteve ao longo de sua vida.

Principais estratégias de planejamento tributário :

1. **Maximizar deduções e créditos** :
   - **Detalhe as deduções** : se suas deduções detalhadas forem maiores que a dedução padrão, detalhe para reduzir sua renda tributável.
   - **Créditos fiscais** : Aproveite os créditos fiscais, que reduzem diretamente sua obrigação tributária. Exemplos incluem o Earned Income Tax Credit (EITC) e o Child Tax Credit.
2. **Contribuir para contas de aposentadoria** :
   - **401(k) e IRAs** : Contribuições para contas de aposentadoria como 401(k)s e IRAs são frequentemente dedutíveis de impostos. Essas contas também crescem com imposto diferido até que você retire os fundos na aposentadoria.
   - **Roth IRAs** : embora as contribuições não sejam dedutíveis de impostos, os Roth IRAs oferecem crescimento e retiradas isentas de impostos na aposentadoria.
3. **Utilize contas poupança saúde (HSAs)** :
   - Contribuições para HSAs são dedutíveis de impostos, e saques para despesas médicas qualificadas são isentos de impostos. HSAs também oferecem crescimento com imposto diferido.
4. **Cronometragem de receitas e despesas** :

- **Adiar a renda** : se possível, adie a renda para um ano futuro, quando você espera estar em uma faixa de imposto mais baixa.
- **Acelerando deduções** : acelere despesas dedutíveis, como contribuições de caridade ou despesas médicas, para o ano atual para maximizar as deduções.

5. **Invista em contas com vantagens fiscais** :
   - **Planos 529** : Contribuições para planos de poupança para faculdade 529 podem ser dedutíveis de impostos estaduais, e saques para despesas educacionais qualificadas são isentos de impostos.
   - **Títulos Municipais** : A renda de juros de títulos municipais geralmente é isenta de imposto de renda federal e pode ser isenta de impostos estaduais também.
6. **Procure aconselhamento profissional** :
   - As leis tributárias podem ser complexas e sujeitas a mudanças. Trabalhar com um profissional tributário pode ajudar você a navegar por essas complexidades e otimizar sua estratégia de planejamento tributário.

Equívocos comuns : É uma crença comum que algumas pessoas pagam mais impostos do que outras, e que isso é injusto. No entanto, o sistema tributário é projetado para ser o mais equitativo possível dentro das opções legais disponíveis. Ao entender e utilizar essas opções, você pode garantir que está pagando sua cota justa, minimizando sua responsabilidade tributária.

O planejamento tributário é uma parte vital da gestão de patrimônio. Ao maximizar as deduções, contribuir para contas com vantagens fiscais e buscar aconselhamento profissional, você pode gerenciar efetivamente sua responsabilidade tributária e melhorar seu bem-estar financeiro.

CHAPTER 11

Construindo uma pontuação de crédito forte

Construir uma pontuação de crédito forte é crucial para a saúde financeira e pode impactar significativamente suas oportunidades financeiras. Uma pontuação de crédito mais alta se traduz em taxas de juros mais baixas, tornando empréstimos e cartões de crédito mais acessíveis. Veja como você pode construir e manter uma pontuação de crédito forte.

Compreendendo as pontuações de crédito : Sua pontuação de crédito é uma representação numérica de sua capacidade de crédito, influenciando sua capacidade de obter hipotecas, empréstimos para carros e outras formas de crédito. A diferença entre uma pontuação de crédito forte e uma fraca pode chegar a centenas de milhares, ou até milhões, de dólares em juros ao longo da vida de um empréstimo.

Passos para construir uma pontuação de crédito forte :

1. **Conheça sua pontuação de crédito** :
    - Obtenha seu relatório de crédito da Equifax, Experian e TransUnion. Você pode obter esses relatórios gratuitamente uma vez por ano em AnnualCreditReport.com

- Familiarize-se com os fatores que determinam sua pontuação de crédito e estime sua faixa atual.

2. **Histórico de pagamento (35%)** :
   - O histórico de pagamentos é o fator mais significativo na sua pontuação de crédito. Sempre pague suas contas em dia. Se sua pontuação for ruim ou razoável, pagar suas contas em dia consistentemente por vários anos pode melhorar significativamente sua pontuação.
3. **Utilização de crédito (30%)** :
   - Esta é a proporção entre os saldos atuais do seu cartão de crédito e seus limites de crédito. Tente manter sua utilização de crédito abaixo de 30%. Se possível, pague os saldos do seu cartão de crédito integralmente a cada mês.
4. **Duração do histórico de crédito (15%)** :
   - A duração do seu histórico de crédito também afeta sua pontuação. Mantenha contas mais antigas abertas para manter um longo histórico de crédito.
5. **Novo Crédito (10%)** :
   - Evite abrir várias contas de crédito novas em um curto período. Solicitar um novo crédito deve ser feito com parcimônia e estratégia. Se possível, solicite um novo crédito apenas uma vez a cada dois anos.
6. **Mix de crédito (10%)** :
   - Uma mistura diversificada de contas de crédito (cartões de crédito, hipotecas, financiamentos de carro) pode impactar positivamente sua pontuação. No entanto, só assuma um novo crédito se for necessário e administrável.

Dicas práticas para melhorar sua pontuação de crédito :

- **Monitore seu crédito** : verifique regularmente seu relatório de crédito em busca de erros ou imprecisões e conteste qualquer informação incorreta.
- **Pague dívidas** : reduza sua dívida geral, concentrando-se em pagar primeiro as contas com juros altos.
- **Limite consultas rigorosas** : evite consultas rigorosas desnecessárias em seu relatório de crédito, pois elas podem diminuir temporariamente sua pontuação.
- **Configurar lembretes** : use lembretes de pagamento ou pagamentos automáticos para garantir que você nunca perca uma data de vencimento.
- **Responsabilidade financeira** : demonstre comportamento de crédito responsável ao longo do tempo para construir e manter uma pontuação de crédito forte.

Liberdade Financeira e Crédito : Uma pontuação de crédito forte é um componente essencial para alcançar a liberdade financeira. Ela permite que você acesse melhores taxas de juros, o que pode economizar quantias substanciais de dinheiro ao longo da vida de empréstimos e contas de crédito. Por exemplo, ao longo de um prazo de 30 anos de um empréstimo de dois milhões de dólares , a diferença entre uma pontuação de crédito forte e uma fraca pode significar pagar até $ 2.000.000 a mais em juros.

Aposentadoria e Metas Financeiras : A liberdade financeira pode assumir muitas formas, dependendo das metas de vida individuais. Por exemplo, a aposentadoria antecipada é possível com um bom planejamento e potenciais sacrifícios. De acordo com estudos, você precisa de cinco milhões de dólares para viver confortavelmente com os dólares de hoje se você se aposentar entre as idades de 35 e 65, esperando viver até os 95. Isso pressupõe um retorno de 8% sobre seus cinco milhões de dólares ao longo da sua vida. O Financial Freedom Blueprint fornece estratégias abrangentes para atingir a aposentadoria antecipada, cobrindo onze áreas principais: Controlar dívidas e gastos, Ganhar dinheiro, Gerenciar investimentos, Preservar a saúde, Gerenciar impostos, Proteger ativos (planejamento patrimonial), Investir em educação, Networking, Especializar-se, Criar negócios/imóveis e Melhorar os outros.

Construir uma pontuação de crédito forte é um processo contínuo que requer diligência e responsabilidade financeira. Ao entender os fatores que influenciam sua pontuação de crédito e tomar medidas proativas para melhorá-la, você pode pavimentar o caminho para um futuro financeiro mais seguro e próspero.

CHAPTER 12

Maximizando seu potencial de carreira

À medida que a economia melhora e o desemprego cai, as empresas estarão à procura de indivíduos talentosos e de qualidade. Para se destacar neste mercado de trabalho competitivo, é essencial maximizar seu potencial de carreira. Aqui estão algumas estratégias para ajudar você a ser notado e garantir o emprego que deseja.

Estabelecendo uma presença online : comece criando um site profissional que mostre suas realizações, habilidades e tarefas de trabalho anteriores. Inclua vídeos e um portfólio do seu trabalho. Vincule seu site aos seus perfis do LinkedIn e do Facebook. Isso dá aos empregadores um espaço dedicado para aprender sobre suas realizações profissionais antes de olharem seus perfis de mídia social.

Tenha cuidado com o que você posta nas mídias sociais. Evite compartilhar opiniões políticas ou controversas na sua página do Facebook, pois elas não dizem respeito a potenciais empregadores e podem complicar a dinâmica do local de trabalho.

Escolha da empresa certa : Selecione uma empresa que esteja alinhada com seus valores e objetivos. Procure organizações que usem tecnologia de ponta, inovem regularmente, se envolvam com suas comunidades e tenham uma base financeira sólida. Evite empresas com histórico de demissões reversas, instabilidade financeira ou aquelas que pagam mal e sobrecarregam seus funcionários. Priorize a segurança e garanta que a empresa forneça um ambiente de trabalho seguro.

Encontrando um emprego que você ama : Se você já tem um emprego que ama, parabéns! Se não, é hora de começar a procurar um que se alinhe com suas paixões, mesmo que isso signifique aceitar um emprego com salário mais baixo inicialmente. A realização e a satisfação de fazer um trabalho que você gosta superarão o sacrifício financeiro temporário.

Buscando orientação profissional : se você está com dificuldades para encontrar um bom emprego, considere se reunir com um orientador de carreira. Eles podem fornecer insights valiosos, ferramentas e software de mapeamento mental para ajudar você a identificar caminhos de carreira e oportunidades de emprego adequados. Recém-formados devem fazer testes de avaliação online (muitos dos quais são gratuitos) para identificar opções de carreira que correspondam às suas habilidades e interesses. Depois de conhecer seus pontos fortes e os empregos que combinam com você, concentre sua busca de emprego em empresas relevantes a uma distância razoável de sua casa.

Aproveitando oportunidades de networking : O networking é uma ferramenta poderosa na busca por emprego. Participe de eventos do setor, junte-se a organizações profissionais e conecte-se com pessoas em sua área. O networking pode abrir portas para oportunidades de emprego que não são anunciadas publicamente e pode ajudar você a obter insights sobre potenciais empregadores.

Educação Continuada e Desenvolvimento de Habilidades : Invista em seu desenvolvimento profissional continuando sua educação e adquirindo novas habilidades. Isso pode envolver fazer cursos online, ganhar certificações ou participar de workshops. Manter

-se atualizado com as tendências e tecnologias do setor o tornará mais atraente para potenciais empregadores.

Elaborando um currículo e uma carta de apresentação fortes : seu currículo e sua carta de apresentação costumam ser a primeira impressão que você causa em potenciais empregadores. Certifique-se de que eles sejam bem elaborados, livres de erros e adaptados ao trabalho para o qual você está se candidatando. Destaque suas habilidades, experiência e realizações relevantes.

Preparação para entrevistas : pratique suas habilidades de entrevista conduzindo entrevistas simuladas com amigos, familiares ou um orientador de carreira. Prepare respostas para perguntas comuns de entrevista e esteja pronto para discutir sua experiência, habilidades e por que você é uma boa opção para a posição.

Maximizar seu potencial de carreira envolve uma combinação de estabelecer uma forte presença online, escolher a empresa certa, encontrar um emprego que você ama, buscar orientação profissional, alavancar oportunidades de networking, educação continuada, elaborar um currículo e carta de apresentação fortes e se preparar para entrevistas. Ao tomar essas medidas, você pode melhorar suas perspectivas de carreira e atingir seus objetivos profissionais.

CHAPTER 13

Desenvolvendo Disciplina Financeira

Disciplina financeira é uma pedra angular da construção de riqueza. Ela envolve tomar decisões financeiras prudentes consistentemente, economizar regularmente e evitar gastos desnecessários. Vamos explorar estratégias eficazes para desenvolver uma forte disciplina financeira.

Recompensando o sucesso financeiro : Larry Winget, em seu livro "You're Broke Because You Want To Be", sugere que as pessoas se recompensem após atingir marcos específicos de economia. Por exemplo, depois de economizar US$ 500, presenteie-se com algo que você ama. Esse reforço positivo incentiva a economia contínua e a disciplina financeira. Winget também aconselha alocar metade de qualquer ganho inesperado (renda inesperada) para a economia, permitindo que você gaste a outra metade no que desejar. Essa abordagem equilibrada garante que você aproveite seus ganhos financeiros enquanto também constrói sua economia.

O Ciclo de Construção de Riqueza de 20% : Desenvolver disciplina financeira é parte do Ciclo de Construção de Riqueza mais amplo. Ao habitualmente poupar uma parte da sua renda e cortar metade de todos os ganhos inesperados para poupança, você estabelece a base para estágios mais avançados de acumulação de riqueza. Poupança consistente e gestão financeira prudente tornam mais fácil atingir metas financeiras de longo prazo.

O Poder do Reforço Positivo : Stephen Covey, um renomado autor e palestrante, enfatiza a importância de recompensar os esforços para desenvolver bons hábitos. Mesmo quando os indivíduos não atendem às expectativas, reconhecer seus esforços pode motivá-los a continuar se esforçando. Definir metas realistas com base nas capacidades individuais ou organizacionais e encorajar as pessoas a superar seus recordes pessoais, em vez de competir com os outros, promove um ambiente de apoio ao crescimento.

O modelo do sistema escolar finlandês : O sistema escolar na Finlândia adota uma estratégia de "melhor desempenho pessoal", que enfatiza o progresso individual em vez da competição. Essa abordagem resulta em vários graus de sucesso em vez de notas baixas em resultados de exames. Ao comparar o desempenho pessoal com o melhor desempenho anterior, os indivíduos são motivados a melhorar continuamente sem a pressão de competir contra os outros.

Demonstração de Disciplina de Covey : Em seu seminário de planejamento patrimonial, Stephen Covey demonstrou o conceito de disciplina por meio de um exercício simples. Ele pediu aos participantes que andassem em linha reta com os olhos abertos, o que todos fizeram com sucesso. Quando desafiados a repetir a tarefa com os olhos fechados, muitos se desviaram. Covey então adicionou um incentivo: uma nota de US$ 100 no final da linha. Com a promessa de uma recompensa, a maioria dos participantes conseguiu andar em linha reta sem muito desvio. Este exercício ilustra que as pessoas geralmente são disciplinadas pela esperança de recompensa. Ao definir recompensas tangíveis para marcos financeiros, você pode melhorar sua disciplina financeira.

Passos práticos para desenvolver disciplina financeira :

1. **Defina metas financeiras claras** : defina seus objetivos financeiros de curto e longo prazo. Ter metas claras fornece direção e motivação.
2. **Crie um orçamento** : acompanhe sua renda e despesas meticulosamente. Um orçamento ajuda você a entender para onde seu dinheiro está indo e identificar áreas onde você pode cortar custos.
3. **Automatize a Poupança** : Configure transferências automáticas para suas contas de poupança e investimento. Isso garante que uma parte da sua renda seja economizada antes que você tenha a chance de gastá-la.
4. **Evite compras por impulso** : pratique gastos conscientes evitando compras por impulso. Espere pelo menos 24 horas antes de fazer compras não essenciais para determinar se elas são realmente necessárias.
5. **Monitore o progresso** : revise regularmente seu progresso financeiro. Comemore marcos e ajuste suas estratégias conforme necessário para permanecer no caminho certo.
6. **Eduque-se** : Melhore continuamente seu conhecimento financeiro. Leia livros, participe de seminários e busque conselhos de especialistas financeiros para tomar decisões informadas.

Desenvolver disciplina financeira requer esforço consistente e uma abordagem estratégica. Ao recompensar seus sucessos, definir metas realistas e praticar gastos conscientes, você pode construir uma base sólida para estabilidade financeira e riqueza de longo prazo.

CHAPTER 14

Construindo uma rede de apoio

Construir uma rede de suporte robusta é vital para qualquer um no caminho para a independência financeira. Cercar-se de indivíduos com ideias semelhantes que compartilham seus objetivos pode fornecer motivação, responsabilidade e insights valiosos. Vamos explorar algumas estratégias para criar e nutrir uma comunidade de suporte.

O modelo Lambo Retreat : Uma abordagem inovadora para construir uma rede de apoio é o modelo "Lambo Retreat". A cada seis meses, membros da comunidade FL26 de diferentes partes do país se reúnem e alugam uma grande propriedade de férias. Ao compartilhar uma casa de férias bonita, espaçosa e ocasionalmente peculiar, os participantes economizam dinheiro, energia e poder mental enquanto fortalecem suas parcerias. Este modelo de baixo custo permite o máximo aprimoramento do estilo de vida por meio de experiências e colaborações compartilhadas.

Criando uma lista de coisas com as quais você deve passar tempo : A comunidade de independência financeira é conhecida por sua capacidade de melhorar o progresso por meio da colaboração. A lista de coisas com as quais você deve passar tempo do FL26

2016 foi criada para identificar indivíduos que contribuem significativamente para sua jornada. Passar tempo diretamente com essas pessoas é inestimável. O apoio, o conhecimento e o incentivo delas podem acelerar seu caminho para a independência financeira.

O Retiro Lambo50 : No outono de 2013, os blogueiros Ryan e Amanda Lange, Steve e Courtney Adcock, e Allison e eu participamos de um retiro organizado por nossos amigos Jim e Lisa. Nós o chamamos de retiro Lambo50. A experiência foi tão impactante que Jim e eu mais tarde criamos nosso próprio podcast e decidimos sediar um encontro de três dias. Esses encontros nos permitiram elaborar futuros planos de dominação mundial enquanto ajudamos outros buscadores de independência financeira. Esses retiros promovem conexões profundas e fornecem uma plataforma para compartilhar estratégias e ideias.

O Poder das Conexões Íntimas : No Camp FI de março de 2015, tive uma conversa esclarecedora com Brian e Lynn do blog "The Next Ten Words". Lynn enfatizou que as pessoas que trabalham para a independência financeira precisam de tempo de conexão íntima com aqueles que buscam objetivos semelhantes. Essa percepção ressoou em mim, e eu a levei a sério ao retornar para casa. Ao priorizar conexões íntimas, experimentei meu ano mais produtivo de trabalho autônomo e felicidade.

Passos práticos para construir uma rede de apoio :

1. **Junte-se a comunidades relevantes** :
    - Participe de fóruns online, grupos de mídia social e encontros locais focados em independência financeira. Essas plataformas oferecem oportunidades de se conectar com indivíduos com ideias semelhantes.
2. **Participe de workshops e conferências** :

    - Participe de eventos como Camp FI, FinCon e outras conferências de independência financeira. Esses encontros oferecem oportunidades valiosas de networking e uma chance de aprender com especialistas na área.
3. **Crie seus próprios encontros** :
    - Organize encontros ou retiros locais com colegas que buscam independência financeira. Essas reuniões menores e mais íntimas podem promover conexões mais profundas e trocas mais significativas.
4. **Alavancagem tecnológica** :
    - Use ferramentas como Zoom, Slack e WhatsApp para permanecer conectado com sua rede de suporte, especialmente se os membros estiverem geograficamente dispersos. Reuniões virtuais podem manter e fortalecer relacionamentos.
5. **Seja seletivo e intencional** :
    - Cerque-se de indivíduos que o inspirem e desafiem. Seja intencional sobre as pessoas com quem você passa tempo e garanta que elas contribuam positivamente para sua jornada.
6. **Participe de grupos Mastermind** :
    - Participe ou crie grupos de masterminds onde os membros se encontram regularmente para discutir metas, compartilhar progresso e fornecer feedback. Esses grupos oferecem responsabilidade e perspectivas diversas.

Conclusão : Construir uma rede de apoio forte é essencial para alcançar a independência financeira. Ao criar conexões intencionais, participar de encontros significativos e alavancar o poder da comunidade, você pode melhorar seu progresso e desfrutar de uma jornada mais gratificante. Lembre-se, o sistema de apoio certo pode fazer toda a diferença para atingir suas metas financeiras.

DIVERSIFICANDO SEUS INVESTIMENTOS

CHAPTER 15

A diversificação é a pedra angular do investimento bem-sucedido. Ela ajuda você a construir uma base de ativos robusta, minimizando os riscos. Ao espalhar seus investimentos por vários ativos e setores, você reduz o impacto de um desempenho ruim em qualquer investimento individual. Vamos nos aprofundar em estratégias eficazes para diversificar seus investimentos.

Comece com o Plano de Poupança para Aposentadoria do Seu Empregador : Quando você começa sua carreira, pode estar vivendo de salário em salário, com fundos limitados para investir. No entanto, muitos empregadores oferecem planos de poupança para aposentadoria com contribuições equivalentes da empresa. Participar desses planos é uma ótima maneira de começar a construir seu portfólio de investimentos. Quanto mais cedo você começar, melhor, pois você se beneficiará do poder da composição ao longo do tempo.

Se você tiver acesso a um plano de poupança para aposentadoria no local de trabalho, inscreva-se assim que for elegível e contribua com o máximo que puder. As contribuições do empregador podem aumentar significativamente sua poupança, então aproveite ao máximo esse benefício.

Por que a diversificação é importante : A diversificação é crucial porque reduz o risco geral e a volatilidade do seu portfólio. Em vez de colocar todo o seu dinheiro em um investimento, você o espalha entre vários tipos de investimento e empresas. Dessa forma, se um investimento tiver um desempenho ruim, seus outros investimentos podem ajudar a equilibrar as perdas.

Estratégias para Diversificação :

1. **Distribuídos por classes de ativos** :
    - **Ações** : invista em uma mistura de ações de grande, média e pequena capitalização de vários setores.
    - **Títulos** : inclua títulos governamentais, municipais e corporativos para adicionar estabilidade e renda ao seu portfólio.
    - **Imóveis** : considere investimentos imobiliários, como REITs (Real Estate Investment Trusts), para ganhar exposição ao mercado imobiliário.
    - **Commodities** : invista em commodities como ouro, prata e petróleo para se proteger contra a inflação e a volatilidade do mercado.
2. **Diversificar dentro das classes de ativos** :
    - **Ações** : invista em diferentes setores, como tecnologia, saúde, finanças e bens de consumo.
    - **Títulos** : incluem uma mistura de títulos de curto, médio e longo prazo com classificações de crédito variadas.
    - **Imóveis** : diversifique investindo em propriedades residenciais, comerciais e industriais.
3. **Diversificação geográfica** :
    - **Investimentos nacionais e internacionais** : invista em mercados nacionais e internacionais para reduzir riscos geopolíticos.
    - **Mercados emergentes** : considere investir uma parte do seu portfólio em mercados emergentes para maior potencial de crescimento.
4. **Veículos de investimento** :

    - **Fundos mútuos e ETFs** : esses fundos permitem que você invista em um portfólio diversificado de ações, títulos ou outros ativos com uma única compra.
    - **Fundos de índice** : fundos de índice rastreiam um índice de mercado específico, oferecendo ampla exposição ao mercado e taxas mais baixas.
5. **Investimentos alternativos** :
    - **Private Equity** : invista em empresas privadas ou startups para obter retornos potencialmente altos.
    - **Fundos de hedge** : esses fundos usam diversas estratégias para gerar retornos, muitas vezes não correlacionados com os mercados tradicionais.
    - **Criptomoedas** : para aqueles com maior tolerância ao risco, considere alocar uma pequena parcela do seu portfólio para criptomoedas.

Rebalanceando seu portfólio : revise e rebalanceie regularmente seu portfólio para manter sua alocação de ativos desejada. Como certos investimentos têm melhor desempenho do que outros, seu portfólio pode ficar desequilibrado. O rebalanceamento garante que você continue aderindo à sua estratégia de investimento e tolerância ao risco.

Conclusão : Diversificar seus investimentos é essencial para minimizar riscos e atingir metas financeiras de longo prazo. Ao espalhar seus investimentos por várias classes de ativos, setores e regiões geográficas, você pode construir um portfólio resiliente que pode resistir às flutuações do mercado. Comece com o plano de poupança para aposentadoria do seu empregador e gradualmente implemente essas estratégias de diversificação para aumentar sua riqueza com segurança.

CHAPTER 16

Investimento imobiliário

O mercado imobiliário pode ser uma maneira confiável e estável de aumentar sua riqueza, especialmente se você planeja ficar em um lugar por um longo período. No entanto, para aqueles que amam viajar e preferem um estilo de vida mais flexível, investir em Fundos de Investimento Imobiliário (REITs) pode oferecer os benefícios de investimentos imobiliários sem a necessidade de administrar propriedades físicas.

Fundos de Investimento Imobiliário (REITs) : REITs são fundos de investimento que possuem e operam imóveis geradores de renda. Eles distribuem dividendos aos investidores, semelhante a outros produtos de investimento, mas focam especificamente em imóveis. Investir em um portfólio de REITs que cobre diferentes setores de mercado — como unidades residenciais suburbanas, propriedades industriais e imóveis comerciais — permite que você mantenha a mobilidade enquanto se beneficia da estabilidade dos investimentos imobiliários.

Vantagens dos REITs :

- **Diversificação** : os REITs permitem que você invista em vários tipos de imóveis em diferentes mercados, reduzindo riscos.

- **Liquidez** : Diferentemente de propriedades físicas, os REITs podem ser comprados e vendidos no mercado de ações, proporcionando liquidez.
- **Renda** : Os REITs geralmente pagam dividendos regulares, proporcionando um fluxo de renda estável.
- **Gestão profissional** : os REITs são administrados por profissionais, eliminando a necessidade de você gerenciar propriedades e inquilinos.

Investimentos Imobiliários Diretos : Embora os REITs ofereçam muitos benefícios, os investimentos imobiliários diretos também podem ser uma adição valiosa ao seu portfólio. No entanto, possuir propriedades físicas envolve mais gerenciamento prático e riscos potenciais.

Benefícios dos Investimentos Imobiliários Diretos :

- **Valorização** : Os imóveis tendem a se valorizar ao longo do tempo, proporcionando ganhos de capital.
- **Controle** : Possuir uma propriedade lhe dá controle sobre sua gestão e possíveis melhorias.
- **Benefícios fiscais** : investidores imobiliários podem aproveitar deduções fiscais para juros de hipoteca, impostos sobre propriedade e depreciação.

Desafios dos Investimentos Imobiliários Diretos :

- **Responsabilidades de gestão** : possuir um imóvel envolve gerenciar inquilinos, manutenção e reparos, o que pode ser demorado e caro.
- **Volatilidade do mercado** : embora o mercado imobiliário seja geralmente mais estável do que as ações, os valores das

propriedades ainda podem flutuar com base nas condições de mercado.

- **Problemas de liquidez** : Vender um imóvel pode levar tempo, e você pode não conseguir acessar seu investimento rapidamente.

Comparando Imóveis com Ações : Embora tanto imóveis quanto ações ofereçam oportunidades de valorização e renda, eles diferem em termos de volatilidade e requisitos de gestão. Ações podem ser altamente voláteis, com preços flutuando com base nas condições de mercado, desempenho da empresa e sentimento do investidor. Imóveis, por outro lado, são frequentemente mais estáveis e previsíveis, tornando-os um investimento mais seguro para acumulação de riqueza a longo prazo.

No entanto, os investimentos imobiliários vêm com seu próprio conjunto de riscos, especialmente ao gerenciar propriedades físicas. Inquilinos e manutenção de propriedades podem transformar ativos em passivos se não forem gerenciados adequadamente. Equilibrar as recompensas potenciais com as responsabilidades e riscos é essencial para um investimento imobiliário bem-sucedido.

Conclusão : O investimento imobiliário pode ser uma ferramenta poderosa para a construção de riqueza, seja por meio da propriedade direta de imóveis ou do investimento em REITs. Ao entender as vantagens e os desafios de cada abordagem, você pode tomar decisões informadas que se alinham com seus objetivos financeiros e preferências de estilo de vida. Diversificar seus investimentos em diferentes classes de ativos, incluindo imóveis, pode fornecer estabilidade e potencial de crescimento em seu portfólio.

CHAPTER 17

Investimento no mercado de ações

O mercado de ações é frequentemente aclamado como uma das melhores ferramentas de construção de riqueza, graças ao poder dos retornos compostos. Vamos explorar como o investimento no mercado de ações pode ajudar você a construir riqueza de longo prazo e como começar.

O Poder da Composição : As taxas de retorno compostas referem-se à porcentagem pela qual o preço de uma ação aumenta anualmente. Por exemplo, a taxa de crescimento anual composta (CAGR) para o S&P 500 é de cerca de 9,8% no longo prazo. Isso significa que se você investir no S&P 500 e mantiver seu investimento pelos próximos 20 anos, poderá esperar um retorno médio anual de 9,8% após fatorar a inflação e os impostos. Quanto mais cedo você começar a investir, mais poderá se beneficiar do efeito composto, pois seus retornos gerarão mais retornos ao longo do tempo. Este princípio é uma das principais razões pelas quais os ricos ficam mais ricos, pois somas maiores de dinheiro têm mais potencial para crescer significativamente ao longo do tempo.

Por que investir no mercado de ações : O mercado de ações é um paraíso para investidores, oferecendo uma ótima maneira de construir riqueza de longo prazo com risco relativamente baixo. A história mostrou que, a longo prazo, as ações são a classe de ativos de melhor desempenho. No entanto, muitas pessoas hesitam em investir em ações devido aos riscos percebidos e à falta de conhecimento sobre como começar. É importante lembrar que, embora as ações não sejam isentas de risco, elas oferecem retornos potenciais mais altos em comparação com contas de poupança, que geralmente crescem a uma taxa menor do que a inflação.

Princípios-chave para investir no mercado de ações :

1. **Comece cedo** :
   - Quanto mais cedo você começar a investir, mais tempo seu dinheiro terá para crescer. Mesmo pequenos investimentos podem se acumular significativamente ao longo de décadas.
2. **Diversifique seu portfólio** :
   - A diversificação é crucial para gerenciar riscos. Espalhe seus investimentos em vários setores e classes de ativos para reduzir o impacto do desempenho ruim em qualquer investimento individual.
3. **Invista a longo prazo** :
   - O investimento no mercado de ações é mais adequado para objetivos de longo prazo. Evite tentar cronometrar o mercado e, em vez disso, concentre-se em manter investimentos de qualidade a longo prazo.
4. **Reinvestir dividendos** :
   - Reinvestir dividendos pode aumentar significativamente seus retornos ao longo do tempo. Muitas empresas oferecem planos de reinvestimento de dividendos (DRIPs) que permitem que você reinvista seus dividendos automaticamente.

5. **Eduque-se** :
   - Tire um tempo para aprender sobre o mercado de ações, diferentes tipos de ações e estratégias de investimento. Esse conhecimento ajudará você a tomar decisões informadas e a construir confiança em seus investimentos.

Introdução ao investimento no mercado de ações :

1. **Abra uma conta de investimento** :
   - Para comprar ações, você precisa abrir uma conta de corretora. Muitas corretoras online oferecem plataformas amigáveis com recursos educacionais para ajudar você a começar.
2. **Defina metas de investimento** :
   - Defina suas metas de investimento, seja economizar para a aposentadoria, comprar uma casa ou construir um fundo de emergência. Suas metas guiarão sua estratégia de investimento.
3. **Escolha seus investimentos** :
   - Comece com fundos de índice de base ampla ou ETFs (fundos negociados em bolsa) que acompanham o desempenho dos principais índices de mercado, como o S&P 500. Esses fundos oferecem diversificação e têm custo relativamente baixo.
4. **Automatize seus investimentos** :
   - Configure contribuições automáticas para sua conta de investimento para garantir um investimento consistente . A média de custo em dólar, onde você investe uma quantia fixa regularmente, pode ajudar a mitigar a volatilidade do mercado.

5. **Monitore e reequilibre seu portfólio** :
   - Revise regularmente seu portfólio para garantir que ele esteja alinhado com seus objetivos e tolerância a riscos. Rebalanceie seu portfólio periodicamente para manter sua alocação de ativos desejada.

Conclusão : O investimento no mercado de ações é uma ferramenta poderosa para construir riqueza a longo prazo. Ao começar cedo, diversificar seus investimentos e focar em objetivos de longo prazo, você pode aproveitar o poder dos retornos compostos para alcançar o sucesso financeiro. Eduque-se, mantenha-se disciplinado e aproveite as oportunidades que o mercado de ações oferece.

CHAPTER 18

Construindo um negócio

O princípio de construir um negócio como um caminho para a liberdade financeira é direto. Os negócios sempre foram, e sempre serão, uma plataforma poderosa para a criação de riqueza. Vamos explorar os diferentes tipos de estruturas de negócios e seu potencial para ganhar .

O Poder do Empreendedorismo : Quando decidi me libertar das restrições financeiras, recorri à internet em busca de orientação. Inicialmente, encontrei uma mistura de pessoas tentando me vender algo. No entanto, conforme me aprofundei, descobri a verdadeira chave para a liberdade financeira: começar um negócio. Dá muito trabalho, mas os negócios oferecem oportunidades inigualáveis de independência financeira.

Tipos de estruturas empresariais :

1. **Propriedade exclusiva** :
    - **Visão geral** : Uma empresa unipessoal é a forma mais simples de estrutura empresarial, onde uma pessoa é dona e opera o negócio. Esse tipo de negócio é fácil de montar e dá ao proprietário controle total.
    - **Potencial de Ganhos** : Embora as empresas unipessoais possam ser altamente lucrativas, elas também car-

regam responsabilidade pessoal por dívidas e obrigações. O sucesso geralmente depende da capacidade do proprietário de gerenciar e expandir o negócio de forma eficaz.

2. **Parceria** :
    - **Visão geral** : Uma parceria envolve dois ou mais indivíduos que compartilham a propriedade e a operação do negócio. As parcerias podem combinar as habilidades e os recursos de várias pessoas, levando a um potencial de ganho potencialmente maior.
    - **Potencial de Ganhos** : Os lucros são compartilhados entre os parceiros de acordo com o acordo de parceria. Embora as parcerias possam ser lucrativas, é crucial ter acordos claros para evitar conflitos e garantir operações tranquilas.
3. **Corporação** :
    - **Visão geral** : Uma corporação é uma estrutura empresarial mais complexa que é legalmente separada de seus proprietários. Ela oferece proteção de responsabilidade limitada e pode levantar capital por meio da venda de ações.
    - **Potencial de Ganhos** : As corporações têm um potencial de ganhos significativo, especialmente se elas crescem e atraem investidores. No entanto, elas também enfrentam mais exigências regulatórias e responsabilidades administrativas.

Começar um negócio paralelo : você não precisa começar uma megacorporação para alcançar a liberdade financeira. Começar um negócio paralelo pode ser uma ótima maneira de complementar sua renda e construir riqueza. Essa abordagem permite que você mantenha seu emprego atual enquanto explora oportunidades empreendedoras.

Passos para iniciar um negócio :

1. **Identifique sua ideia de negócio** :
   - Considere suas habilidades, interesses e demanda de mercado. Escolha uma ideia de negócio que se alinhe com suas paixões e tenha potencial de crescimento.
2. **Realizar pesquisa de mercado** :
   - Pesquise seu mercado-alvo, concorrentes e tendências do setor. Entender o cenário do mercado ajudará você a desenvolver um plano de negócios sólido.
3. **Crie um plano de negócios** :
   - Um plano de negócios descreve suas metas de negócios, estratégias e projeções financeiras. Ele serve como um roteiro para seu negócio e pode ajudar você a garantir financiamento.
4. **Registre sua empresa** :
   - Escolha um nome comercial e registre-o com as autoridades governamentais apropriadas. Dependendo da estrutura do seu negócio, você também pode precisar obter licenças e autorizações.
5. **Financiamento Seguro** :
   - Determine seus custos iniciais e explore opções de financiamento, como poupança pessoal, empréstimos ou investidores. Ter capital adequado é crucial para lançar e expandir seu negócio.
6. **Configure suas operações** :
   - Estabeleça suas operações comerciais, incluindo localização, equipamento e tecnologia. Garanta que você

tenha sistemas em vigor para gerenciar finanças, marketing e atendimento ao cliente.

7. **Lance e promova seu negócio** :
   - Depois que tudo estiver configurado, lance seu negócio e promova-o para seu público-alvo. Use estratégias de marketing como mídia social, publicidade e networking para atrair clientes.

Conclusão : Construir um negócio é uma maneira poderosa de alcançar a liberdade financeira. Não importa se você escolhe abrir uma empresa unipessoal, uma parceria ou uma corporação, o empreendedorismo oferece inúmeras oportunidades de crescimento e criação de riqueza. Ao abrir um negócio paralelo, você pode gradualmente fazer a transição para o empreendedorismo em tempo integral e aproveitar os benefícios da independência financeira.

CHAPTER 19

Criando fluxos de renda passiva

Criar fluxos de renda passiva é essencial para alcançar a liberdade financeira. Renda passiva se refere ao dinheiro que trabalha para você, permitindo que você gere renda com o mínimo de esforço ativo. Ao diversificar suas fontes de renda passiva, você pode construir uma base financeira estável e confiável. Vamos explorar várias fontes de renda passiva e como alavancá-las efetivamente.

Entendendo a Renda Passiva : A renda passiva é derivada de atividades nas quais você não participa materialmente. Isso inclui renda de aluguel de propriedades, dividendos de investimentos em ações, juros de contas de poupança e outras fontes de renda que não exigem trabalho contínuo. A chave para a renda passiva é que seu dinheiro continue a gerar renda para você, permitindo que você busque seus objetivos e desfrute de liberdade financeira.

Principais fontes de renda passiva :

1. **Investimento em crescimento de dividendos** :
   - O investimento em crescimento de dividendos envolve a compra de ações que pagam dividendos regularmente e têm um histórico de aumento de seus pagamentos.

Essa estratégia permite que você crie um portfólio que gere um fluxo constante de renda. Muitos investidores trabalham com um Contador Público Certificado (CPA) para projetar métodos de retirada que maximizem a renda com o mínimo de esforço assim que a aposentadoria começar. As contas de investimento com vantagens fiscais dos EUA também podem ajudar a esticar seus recursos de aposentadoria.

2. **Investimentos imobiliários** :
   - **Propriedades para Aluguel** : Possuir propriedades para aluguel fornece uma fonte confiável de renda passiva. A renda do aluguel pode cobrir despesas com a propriedade e gerar fluxo de caixa adicional.
   - **Real Estate Investment Trusts (REITs)** : REITs permitem que você invista em imóveis sem possuir propriedades físicas. Eles distribuem dividendos aos investidores, fornecendo um fluxo de renda estável.
   - **Patrimônio líquido** : o patrimônio líquido da casa pode ser um ativo valioso que gera renda de aluguel ou pode ser alavancado para investimentos futuros.
3. **Juros de contas poupança e contas do mercado monetário** :
   - Embora as taxas de juros em contas de poupança e contas do mercado monetário sejam relativamente baixas, elas ainda fornecem uma fonte segura e estável de renda passiva. Essas contas são essenciais para preservar o capital enquanto ganham juros.
4. **Poupança para a pensão** :
   - As pensões fornecem um fluxo de renda garantido na aposentadoria. Contribuir para planos de pensão ao

longo de sua carreira pode garantir uma fonte confiável de renda em seus últimos anos.

5. **Contas de investimento com vantagens fiscais** :
   - Investir em contas com vantagens fiscais, como IRAs e 401(k)s, permite que seu dinheiro cresça livre de impostos ou com impostos diferidos. Essas contas podem fornecer renda significativa na aposentadoria.

Construindo um Portfólio de Renda Passiva Diversificado : Para alcançar a liberdade financeira, é importante diversificar suas fontes de renda passiva. Isso reduz o risco e garante um fluxo de renda estável, independentemente das condições de mercado. Aqui estão algumas etapas para construir um portfólio diversificado de renda passiva:

1. **Identifique suas metas de renda** :
   - Determine quanta renda passiva você precisa para atingir a liberdade financeira. Isso guiará sua estratégia de investimento e alocação de ativos.
2. **Crie um portfólio equilibrado** :
   - Diversifique seus investimentos em diferentes classes de ativos, como ações, títulos, imóveis e investimentos alternativos. Esse equilíbrio ajuda a mitigar riscos e maximizar retornos.
3. **Automatize seus investimentos** :
   - Configure contribuições automáticas para suas contas de investimento. A automação garante consistência e aproveita a média de custo em dólar.
4. **Reinvestir seus ganhos** :

  - Reinvista dividendos, juros e renda de aluguel para compor seus retornos. Isso acelera o crescimento de sua renda passiva ao longo do tempo.

5. **Monitore e ajuste seu portfólio** :
   - Revise regularmente seu portfólio para garantir que ele esteja alinhado com suas metas de renda e tolerância a riscos. Faça ajustes conforme necessário para otimizar o desempenho.

Conclusão : Criar fluxos de renda passiva é uma estratégia poderosa para alcançar a liberdade financeira. Ao investir em ações de crescimento de dividendos, imóveis, contas de poupança, pensões e contas com vantagens fiscais , você pode construir um portfólio diversificado que gera renda estável com o mínimo de esforço. A chave é começar cedo, automatizar seus investimentos e reinvestir continuamente seus ganhos. Com uma estratégia sólida de renda passiva, você pode desfrutar de segurança financeira e perseguir seus sonhos com confiança.

CHAPTER 20

Investir em fundos mútuos

Investir em fundos mútuos é uma estratégia poderosa para atingir seus objetivos financeiros de longo prazo. Os fundos mútuos permitem que você diversifique seus investimentos em uma ampla gama de ativos, o que pode ajudar a reduzir riscos e aumentar os retornos potenciais. Vamos mergulhar nos fundamentos do investimento em fundos mútuos e como integrá-los ao seu plano financeiro.

Entendendo Fundos Mútuos : Um fundo mútuo é um conjunto de dinheiro coletado de vários investidores para investir em um portfólio diversificado de ações, títulos ou outros valores mobiliários. Cada investidor possui ações do fundo mútuo, representando uma parte dos ativos do fundo. Gestores profissionais de fundos supervisionam os investimentos do fundo, tomando decisões com base nos objetivos e estratégias do fundo.

Benefícios de investir em fundos mútuos :

1. **Diversificação** :
    - Os fundos mútuos oferecem diversificação instantânea ao investir em uma ampla gama de títulos. Isso reduz o

risco de perdas significativas de qualquer investimento único.

2. **Gestão Profissional** :
   - Gestores de fundos experientes cuidam das decisões de investimento, poupando seu tempo e esforço necessários para pesquisar e gerenciar investimentos individuais.
3. **Acessibilidade** :
   - Os fundos mútuos são acessíveis a investidores individuais, geralmente com requisitos mínimos de investimento mais baixos em comparação a outros veículos de investimento.
4. **Liquidez** :
   - Fundos mútuos podem ser comprados e vendidos em qualquer dia útil, proporcionando liquidez e flexibilidade aos investidores.

Criando uma Declaração de Política de Investimento (IPS) : Para orientar seus investimentos em fundos mútuos, crie uma Declaração de Política de Investimento (IPS). Este documento descreve suas metas de investimento, tolerância a riscos, horizonte de tempo e estratégia de alocação de ativos. Uma IPS serve como um roteiro para suas decisões de investimento, ajudando você a manter o foco em seus objetivos de longo prazo.

Avaliação das principais opções de investimento : como parte de sua estratégia abrangente de investimento, avalie as seguintes opções de investimento que normalmente dominam o portfólio de um investidor:

1. **Planos 401(k) do empregador** :

- Aproveite os planos de aposentadoria patrocinados pelo empregador, que frequentemente incluem contribuições correspondentes. Maximize suas contribuições para se beneficiar do crescimento com imposto diferido.

2. **Contas Individuais de Aposentadoria (IRAs)** :
   - IRAs oferecem vantagens fiscais para poupanças de aposentadoria. Considere IRAs tradicionais e Roth com base na sua situação fiscal atual e expectativas futuras.
3. **Planos de pensão de benefício definido** :
   - Se você tem acesso a um plano de previdência, entenda seus benefícios e como ele se encaixa na sua estratégia geral de aposentadoria.
4. **Planos de aposentadoria para autônomos** :
   - Para indivíduos autônomos, explore os planos Solo 401(k) ou SEP IRA para maximizar a poupança para a aposentadoria.
5. **Contas Poupança Saúde (HSAs)** :
   - Os HSAs oferecem vantagens fiscais triplas: contribuições dedutíveis de impostos, crescimento isento de impostos e saques isentos de impostos para despesas médicas qualificadas.
6. **529 Planos de Poupança para Faculdade** :
   - Esses planos oferecem vantagens fiscais para economizar para despesas educacionais. As contribuições crescem sem impostos, e os saques para despesas qualificadas também são isentos de impostos.

Medindo o Sucesso do Investimento : A verdadeira medida do seu sucesso no investimento não é meramente a mudança nos saldos da sua conta bancária e de investimento, mas seu progresso em direção às suas metas financeiras de longo prazo. Alcançar a liberdade financeira, como você a define, é o objetivo final . Uma mudança positiva no valor da sua conta de investimento é encorajadora, mas o foco deve permanecer em atingir as metas de renda necessárias para suas necessidades de gastos atuais e futuras.

Conclusão : Investir em fundos mútuos é uma maneira versátil e eficaz de construir um portfólio diversificado e atingir seus objetivos financeiros de longo prazo. Ao criar uma Declaração de Política de Investimento, avaliar as principais escolhas de investimento e focar em seus objetivos financeiros, você pode navegar no mundo do investimento em fundos mútuos com confiança. Lembre-se, a medida do seu sucesso é seu progresso em direção à liberdade financeira, não apenas as flutuações nos saldos de sua conta.

CHAPTER 21

Planejamento para despesas educacionais

O custo da educação pós-secundária continua a aumentar, tornando a perspectiva de financiar a educação universitária dos seus filhos uma tarefa assustadora. No entanto, com preparação cuidadosa e decisões financeiras sábias, você pode mitigar essas despesas e tornar o ensino superior mais acessível. Vamos explorar estratégias para um planejamento eficaz de despesas educacionais.

Procure opções de educação de baixo custo : uma maneira de reduzir as despesas escolares do próprio bolso é explorar opções de educação de baixo custo coordenadas com sua universidade estadual. As taxas de ensino no estado costumam ser significativamente mais baixas do que as taxas de fora do estado, proporcionando economias substanciais. Além disso, as faculdades comunitárias podem oferecer um início de ensino superior com boa relação custo-benefício, permitindo que os alunos concluam os requisitos de educação geral antes de se transferirem para uma instituição de quatro anos.

Entenda a Ajuda Financeira : A ajuda financeira para faculdade funciona inversamente ao que muitas pessoas esperam. Quanto mais ativos você parece ter, menos ajuda financeira você pode receber. Cuidados adequados devem ser tomados em como você economiza para a faculdade para maximizar a quantidade de ajuda que seu aluno pode receber. Aqui estão alguns pontos-chave a serem considerados:

1. **Liberar dinheiro disponível** :
   - As famílias, exceto as mais ricas, devem priorizar a liberação do dinheiro disponível primeiro. Essa abordagem dá aos alunos uma chance melhor de receber auxílio financeiro ao reduzir a aparência de ativos disponíveis.
2. **Fórmulas de Auxílio Financeiro** :
   - Entenda como funcionam as fórmulas de auxílio financeiro. A Expected Family Contribution (EFC) é calculada com base em sua renda, ativos e outros fatores. Reduzir sua EFC pode aumentar sua elegibilidade para auxílio baseado em necessidade.
3. **Cronometragem estratégica de retiradas** :
   - Planeje cuidadosamente o momento dos saques de contas de poupança para faculdade. Sacar dessas contas muito perto de quando você precisa dos fundos pode impactar negativamente a elegibilidade para auxílio financeiro.

Tipos de planos de poupança para faculdade : considere vários planos de poupança para faculdade que oferecem vantagens fiscais e flexibilidade:

1. **529 Planos de Poupança para Faculdade** :
   - Os planos 529 permitem que você invista em uma conta com vantagens fiscais para despesas futuras com educação. Os ganhos crescem isentos de impostos, e os

saques para despesas qualificadas também são isentos de impostos.

2. **Contas Poupança para Educação Coverdell (ESAs)** :
   - ESAs fornecem crescimento isento de impostos para despesas educacionais. Diferentemente dos planos 529, ESAs têm limites de contribuição mais baixos, mas oferecem mais flexibilidade em escolhas de investimento.
3. **Contas de Custódia (UGMA/UTMA)** :
   - Essas contas permitem que você economize e invista dinheiro para a educação do seu filho. No entanto, os ativos nessas contas são considerados ativos do aluno, o que pode impactar a elegibilidade para auxílio financeiro.

Bolsas de estudo e subsídios : incentive seu filho a se candidatar a bolsas de estudo e subsídios. Esses fundos não precisam ser reembolsados e podem compensar significativamente os custos de educação. Pesquise oportunidades de bolsas de estudo locais, estaduais e nacionais e considere opções baseadas em mérito e necessidade.

Custos de assistência médica e aposentadoria : ao planejar despesas com educação, também é essencial considerar o cenário financeiro mais amplo, incluindo potenciais custos de assistência médica na aposentadoria. Despesas com assistência médica são uma preocupação crescente para aposentados, e custos médicos inesperados não cobertos pelo seguro podem ameaçar a segurança financeira. Além disso, moradia acessível e acessível que permita que os aposentados envelheçam no local deve ser fatorada no plano financeiro. Modificações e serviços domésticos como entrega de comida ou manutenção do gramado são frequentemente despesas não previstas que podem aumentar os custos mensais de moradia.

Comece a poupar cedo : quanto mais cedo você começar a poupar para a educação do seu filho, melhor. Começar cedo permite que você aproveite os juros compostos e construa um fundo educacional substancial ao longo do tempo. Incentive seu filho a participar da poupança para a educação reservando uma parte dos ganhos dele com empregos de meio período ou mesadas.

Conclusão : O planejamento de despesas com educação requer uma abordagem estratégica e ação antecipada. Ao explorar opções de educação de baixo custo, entender a ajuda financeira, utilizar planos de poupança para faculdade e começar cedo, você pode tornar o ensino superior mais acessível e garantir o futuro do seu filho. Lembre-se de também considerar o impacto dos custos de assistência médica e moradia na sua segurança financeira de longo prazo.

CHAPTER 22

Minimizando Despesas

Minimizar despesas é um aspecto essencial para alcançar a liberdade financeira. Ao reduzir custos desnecessários e adotar hábitos de gastos conscientes, você pode liberar mais recursos para economizar e investir. Vamos explorar estratégias eficazes para minimizar despesas e maximizar a eficiência financeira.

Contemplando o espaço antes das compras : antes de fazer qualquer compra nova, considere as implicações do espaço. Menos mesas, estantes, cadeiras e outros itens domésticos não essenciais se traduzem em menores custos de limpeza, substituição, reparo e manutenção. Essa abordagem ajuda a aliviar o estresse doméstico e reduz as despesas gerais.

Visualizando e revisando metas de economia : visualize e reveja regularmente seus motivos para economizar, especialmente durante um jejum de 12 meses. Essa prática ajuda você a manter o foco em suas metas, mesmo quando confrontado com desafios ou objetivos contrastantes. Em momentos críticos, você permanecerá firme na integração de criatividade e ação, ou sucumbirá a atividades não essenciais para conforto? Às vezes, o compromisso é necessário. Respeite itens não essenciais celebrando feriados ou aniversários de forma significativa, sem decorações materialistas. Comemore com gestos simples e sinceros, como preparar biscoitos recém-assados, que podem criar uma conexão única com o destinatário.

Manter um orçamento : Manter um orçamento é a base para minimizar despesas. Defina uma meta financeira clara, como economizar para a entrada de uma casa nova nos próximos doze a dezoito meses. Faça dessa meta um compromisso inabalável. Para fazer isso, faça um inventário das despesas da sua casa usando uma planilha de projeto financeiro. Anote as despesas mensais e únicas e identifique as áreas em que você pode cortar custos.

Jejum de orçamento de três meses : Desafie-se a um jejum de orçamento de três meses vivendo com menos por um período prolongado. Destaque, circule ou marque despesas em sua planilha financeira sem as quais você pode viver por três meses ou mais. Essas despesas podem incluir serviços públicos, TV a cabo, internet, mantimentos, refeições fora, entretenimento, roupas, transporte, cobertura de seguro e assinaturas de clubes educacionais. Este exercício ajuda você a identificar despesas não essenciais e a adotar hábitos mais econômicos.

Eliminando Espaço Não Essencial : Considere a questão do espaço e elimine áreas não essenciais. Aquecedores de água não utilizados, espaço no armário, quartos extras, móveis e espaço no jardim resultam em custos de vida mais altos. Viver adiantado com menos requer prática, mas pode reduzir significativamente as despesas. Lembre-se do princípio 80/20: a maioria das despesas mais altas advém de 20% dos itens da sua casa. Concentre-se em reduzir os 20% mais onerosos das suas despesas.

Acumulando itens essenciais : reúna itens domésticos do que você já possui ou compre itens de qualidade usados ou com desconto para encher sua casa com itens essenciais. Essa abordagem ajuda você a evitar compras desnecessárias e manter um estilo de vida minimalista.

Passos práticos para minimizar despesas :

1. **Revise Assinaturas e Associações** :
   - Cancele quaisquer assinaturas ou associações que você não usa mais ou sem as quais não consegue viver. Isso inclui serviços de streaming, associações de academia e assinaturas de revistas.
2. **Cozinhe em casa** :
   - Prepare refeições em casa em vez de jantar fora. Cozinhar em casa costuma ser mais econômico e saudável.
3. **Use o transporte público** :
   - Se possível, use transporte público, carona ou bicicleta em vez de dirigir. Isso pode economizar dinheiro em combustível, manutenção e estacionamento.
4. **Compre de forma inteligente** :
   - Use cupons, compre em grandes quantidades e faça compras durante as liquidações para reduzir despesas com compras de supermercado e da casa.
5. **Reduzir o uso de energia** :
   - Implemente práticas de economia de energia, como usar lâmpadas LED, desconectar dispositivos quando não estiverem em uso e ajustar seu termostato para temperaturas energeticamente eficientes.
6. **Reparos e manutenção faça você mesmo** :
   - Aprenda habilidades básicas de "faça você mesmo" para lidar com pequenos reparos e tarefas de manutenção em casa, reduzindo a necessidade de serviços profissionais.

Conclusão : Minimizar despesas é fazer escolhas conscientes e adotar hábitos frugais. Ao contemplar o espaço antes das compras, visualizar metas de economia, manter um orçamento e eliminar espaços não essenciais, você pode reduzir significativamente seus custos de vida. Essas estratégias não apenas liberam recursos para economizar e investir, mas também contribuem para um estilo de vida mais organizado e sem estresse.

CHAPTER 23

Compreendendo as apólices de seguro

As apólices de seguro são um componente crítico de qualquer plano financeiro abrangente. Elas fornecem proteção contra eventos imprevistos e riscos financeiros, garantindo que você e seus entes queridos estejam protegidos. Vamos explorar os vários tipos de seguro que mais importam e por que eles são essenciais.

Tipos de seguros essenciais de David :

1. **Seguro de vida** :
   - **Seguro de vida temporário** : O seguro de vida temporário é econômico e fornece cobertura por um período específico. É ideal para indivíduos que têm dependentes ou obrigações financeiras significativas. É recomendado comprar uma apólice que se alinhe com o prazo do seu plano financeiro. A maioria das pessoas precisa de seguro de vida temporário quando tem filhos pequenos ou outros dependentes.
2. **Seguro de saúde** :
   - O seguro de saúde cobre despesas médicas, incluindo consultas médicas, internações hospitalares e medica-

mentos prescritos. Ter um seguro de saúde adequado é crucial para proteger contra altos custos médicos e garantir acesso aos serviços de saúde necessários.

3. **Seguro de invalidez de longo prazo** :
   - Este seguro fornece substituição de renda se você ficar incapacitado para trabalhar devido a uma incapacidade de longo prazo. É essencial proteger seu bem mais valioso — sua capacidade de ganhar uma renda.
4. **Seguro para Proprietários e Locatários** :
   - **Seguro residencial** : cobre danos à sua casa e bens pessoais, bem como responsabilidade por acidentes que ocorram em sua propriedade.
   - **Renter's Insurance** : Oferece cobertura para propriedade pessoal e responsabilidade para locatários. É acessível e protege contra perdas devido a roubo, incêndio e outros desastres.
5. **Seguro Automóvel** :
   - O seguro automóvel é obrigatório na maioria dos estados e cobre danos ao seu veículo, responsabilidade por danos corporais ou materiais e despesas médicas resultantes de acidentes.
6. **Seguro de Responsabilidade Civil Pessoal** :
   - O seguro de responsabilidade pessoal protege você de perdas financeiras caso você seja considerado legalmente responsável por causar ferimentos a alguém ou danificar sua propriedade.
7. **Seguro de Responsabilidade Civil Guarda-chuva** :
   - Este seguro fornece cobertura de responsabilidade adicional além dos limites de suas apólices de proprietário, automóvel e outras responsabilidades. É uma camada

extra de proteção contra grandes reivindicações e processos judiciais.

8. **Seguro de Cuidados de Longo Prazo** :
   - O seguro de cuidados de longo prazo cobre o custo de serviços de cuidados de longo prazo, como cuidados em casas de repouso, cuidados em casa e moradia assistida. É essencial para proteger suas economias e garantir acesso a cuidados de qualidade em seus últimos anos.

A Importância do Seguro Adequado : Conforme destacado pelo especialista financeiro David Bach, ter o seguro certo é crucial. Mesmo que você tenha um sistema de investimento bem estruturado, a falta de seguro adequado pode deixá-lo vulnerável a desastres financeiros. O seguro adequado fornece uma rede de segurança que protege seus ativos, renda e bem-estar financeiro geral.

Principais considerações ao escolher um seguro :

1. **Avalie suas necessidades** :
   - Avalie sua situação financeira, dependentes e riscos potenciais para determinar os tipos e valores de cobertura necessários.
2. **Comparar políticas** :
   - Pesquise e compare apólices de diferentes seguradoras. Procure cobertura abrangente a taxas competitivas.
3. **Entenda os detalhes da política** :
   - Leia atentamente os termos e condições de cada apólice. Entenda o que é coberto, exclusões e quaisquer limitações.
4. **Procure aconselhamento profissional** :

- Consulte um consultor financeiro ou agente de seguros para garantir que você escolha as apólices certas para suas necessidades e objetivos financeiros.

Conclusão : Entender e garantir as apólices de seguro certas são etapas vitais para proteger seu futuro financeiro. Ao cobrir vários aspectos da sua vida, desde saúde e renda até propriedade e responsabilidade, você pode proteger a si mesmo e seus entes queridos contra eventos imprevistos. Priorize o seguro como parte fundamental do seu plano financeiro para alcançar paz de espírito e segurança financeira de longo prazo.

CHAPTER 24

Criando um testamento

Criar um testamento é um aspecto crucial, mas frequentemente negligenciado, do planejamento financeiro. Muitas pessoas adiam a elaboração de um testamento por vários motivos, como pensar que não têm bens suficientes ou se sentir muito jovens para precisar de um. No entanto, ter um testamento é essencial para todos, independentemente da idade ou nível de bens. Vamos explorar por que criar um testamento é importante e como fazê-lo.

Equívocos comuns : Em lugares como Cingapura, muitas pessoas acreditam que não têm ativos suficientes para justificar a criação de um testamento. No entanto, a maioria dos indivíduos possui mais do que imagina. Considere ativos como dinheiro no Fundo Central de Previdência (CPF), apólices de seguro de vida e saldos de contas bancárias. Além disso, pensar sobre a mortalidade de alguém pode ser desconfortável e muitas vezes leva à procrastinação. Algumas pessoas também percebem que os testamentos são caros, atrasando ainda mais o processo. Na realidade, a criação de um testamento geralmente é muito acessível, especialmente para expatriados que podem ter situações mais complexas.

A importância de um testamento : Costuma-se dizer que as únicas certezas na vida são a morte e os impostos. Embora contemplar a própria mortalidade possa ser desagradável, é uma parte inevitável da vida. Sem um testamento, você não pode controlar como seu patrimônio — tudo o que você possui — será distribuído após sua morte. Isso pode levar a complicações e estresse para seus entes queridos. Um testamento garante que seus bens sejam distribuídos de acordo com seus desejos e proporciona paz de espírito.

Passos para criar um testamento :

1. **Avalie seus ativos** :
   - Faça um inventário de seus ativos, incluindo contas bancárias, investimentos, propriedades, poupanças do CPF, apólices de seguro de vida e pertences pessoais. Isso ajudará você a entender o que precisa incluir em seu testamento.
2. **Escolha seus beneficiários** :
   - Decida quem herdará seus bens. Beneficiários podem incluir familiares, amigos ou organizações de caridade. Especificar claramente seus beneficiários previne disputas e garante que seus desejos sejam seguidos.
3. **Nomear um executor** :
   - O executor é responsável por executar as instruções do seu testamento. Escolha alguém em quem você confie para administrar seu patrimônio, pagar quaisquer dívidas e distribuir ativos para seus beneficiários.
4. **Considere tutores para filhos menores** :
   - Se você tem filhos menores, nomeie um tutor para cuidar deles na sua ausência. Esta é uma decisão crucial que garante o bem-estar dos seus filhos.
5. **Consulte um advogado** :
   - Trabalhar com um advogado ajuda a navegar pelas complexidades da criação de um testamento. Um profissional garante que seu testamento seja legalmente sólido

e reflita com precisão seus desejos. Erros em um testamento podem ser custosos para aqueles que ficam para trás, tornando a orientação profissional inestimável.

6. **Mantenha seu testamento atualizado** :
    - As circunstâncias da vida mudam, então é importante revisar e atualizar seu testamento regularmente. Eventos significativos da vida, como casamento, divórcio, nascimento de filhos ou aquisição de novos ativos, podem exigir mudanças em seu testamento.

Considerações de Custo : Ao contrário da crença popular, criar um testamento geralmente é barato. O custo varia dependendo da complexidade do seu patrimônio e dos honorários do advogado, mas geralmente é um investimento que vale a pena. Para expatriados e aqueles com situações financeiras mais complexas, os benefícios de ter um testamento redigido corretamente superarão em muito os custos.

Conclusão : Criar um testamento é um passo vital para garantir seu futuro financeiro e garantir que seus desejos sejam honrados após sua morte. Ele fornece paz de espírito para você e seus entes queridos, sabendo que seu patrimônio será administrado de acordo com suas instruções. Não adie essa tarefa importante — reserve um tempo para criar um testamento e proteger seu legado.

CHAPTER 25

Opções de conta de aposentadoria

Ao planejar a aposentadoria, é essencial entender as várias opções de conta de aposentadoria disponíveis para você. Essas contas oferecem diferentes vantagens fiscais e podem impactar significativamente sua segurança financeira de longo prazo. Vamos explorar as opções de conta de aposentadoria mais comuns e seus principais recursos.

Planos 401(k) :

- **401(k) tradicional** : essas contas permitem que você economize uma parte do seu salário antes que os impostos sejam deduzidos. O dinheiro é retirado do seu contracheque antes dos impostos, e você não deve impostos até sacar os fundos na aposentadoria. Isso pode ser vantajoso se você estiver atualmente em uma faixa de imposto alta e espera estar em uma faixa de imposto mais baixa após a aposentadoria. Os empregadores geralmente contribuem para os planos 401(k) tradicionais, proporcionando economias adicionais.
- **Roth 401(k)** : Diferentemente das contas 401(k) tradicionais, as contribuições para Roth 401(k) são feitas com

dólares pós-impostos. Isso significa que você paga impostos sobre o dinheiro agora, mas retiradas qualificadas na aposentadoria são isentas de impostos. As contas Roth 401(k) são benéficas para funcionários mais jovens que esperam estar em uma faixa de imposto mais alta mais tarde na vida. Os empregadores também podem contribuir para contas Roth 401(k), mas suas contribuições são tributadas na retirada.

Contas Individuais de Aposentadoria (IRAs) :

- **IRA tradicional** : Contribuições para um IRA tradicional são frequentemente dedutíveis de impostos, reduzindo sua renda tributável para o ano. O dinheiro na conta cresce com imposto diferido, o que significa que você não paga impostos sobre ganhos de investimento até sacar os fundos na aposentadoria. Esta pode ser uma boa opção se você espera estar em uma faixa de imposto mais baixa na aposentadoria.
- **Roth IRA** : As contribuições para um Roth IRA são feitas com dólares pós-impostos, então não são dedutíveis de impostos. No entanto, o dinheiro cresce sem impostos, e retiradas qualificadas na aposentadoria também são isentas de impostos. Roth IRAs são ideais para indivíduos que antecipam estar em uma faixa de imposto mais alta na aposentadoria.

Planos de aposentadoria para autônomos :

- **Solo 401(k)** : Projetado para indivíduos autônomos e proprietários de pequenas empresas sem funcionários, os planos Solo 401(k) permitem limites de contribuição mais altos e vantagens fiscais. Você pode contribuir tanto como empregador quanto como funcionário, maximizando sua poupança para aposentadoria.

- **SEP IRA (Simplified Employee Pension)** : SEP IRAs são outra opção para indivíduos autônomos e proprietários de pequenas empresas. As contribuições são dedutíveis de impostos, e a conta cresce com imposto diferido até a aposentadoria.

Contas Poupança Saúde (HSAs) :

- HSAs oferecem vantagens fiscais triplas: as contribuições são dedutíveis de impostos, o dinheiro cresce sem impostos e os saques para despesas médicas qualificadas também são isentos de impostos. HSAs podem ser uma maneira eficaz de economizar para custos futuros de assistência médica na aposentadoria.

529 Planos de Poupança para Faculdade :

- Embora não sejam especificamente para aposentadoria, os planos 529 oferecem vantagens fiscais para economizar para despesas educacionais. As contribuições crescem sem impostos, e os saques para despesas educacionais qualificadas também são isentos de impostos. Isso pode ajudar a reduzir o fardo financeiro de financiar a educação dos seus filhos.

457 Planos :

- Os planos 457 são planos de compensação diferida disponíveis para funcionários do governo e alguns funcionários sem fins lucrativos. As contribuições são diferidas em impostos, e o dinheiro cresce livre de impostos até ser sacado na aposentadoria.

Principais considerações :

- **Tratamento tributário** : determine se você quer economizar com dólares tradicionais, com imposto diferido, ou dólares pós-imposto. Contas tradicionais oferecem deduções fiscais sobre contribuições, enquanto contas Roth oferecem crescimento e retiradas isentas de impostos.
- **Contribuições do empregador** : aproveite as contribuições equivalentes do empregador, pois isso é essencialmente dinheiro grátis adicionado à sua poupança para aposentadoria.
- **Opções de investimento** : entenda as opções de investimento disponíveis em cada conta e escolha aquelas que se alinham com sua tolerância ao risco e objetivos de aposentadoria.

Conclusão : Entender as diferentes opções de contas de aposentadoria e suas implicações fiscais é crucial para um planejamento de aposentadoria eficaz. Não importa se você escolhe um 401(k) tradicional, Roth IRA ou outras contas de aposentadoria, a chave é começar a economizar cedo e consistentemente. Ao alavancar essas contas e suas vantagens fiscais, você pode construir um portfólio de aposentadoria robusto e obter segurança financeira de longo prazo.

CHAPTER 26

Investindo em Criptomoedas

As criptomoedas tomaram o mundo de assalto, despertando interesse de todos os cantos da sociedade. Inicialmente usadas pelo mercado negro, as criptomoedas ganharam atenção generalizada e agora são consideradas por muitos como uma opção legítima de investimento. Vamos nos aprofundar nos fundamentos do investimento em criptomoedas e na tecnologia revolucionária por trás delas.

A Inovação da Tecnologia Blockchain : A tecnologia Blockchain, introduzida pelo Bitcoin, é frequentemente comparada à internet em termos de seu impacto revolucionário. A principal inovação do Bitcoin não é apenas a criptomoeda em si, mas a Tecnologia Distributed Ledger subjacente, comumente conhecida como blockchain. Essa tecnologia permite que os dados sejam armazenados em uma rede de milhares de computadores, permitindo transações seguras e transparentes.

Principais vantagens do Blockchain :

1. **Transparência e Segurança** :

- O blockchain garante que todos na rede saibam quem possui quanto dinheiro em um dado momento. A natureza descentralizada do blockchain torna quase impossível falsificar transações, pois cada transação é verificada por múltiplos nós na rede.

2. **Resiliência** :
   - A rede descentralizada é virtualmente impossível de ser desligada. Se um governo bloquear o acesso ao Bitcoin, os usuários podem continuar suas transações de outro local onde o Bitcoin é permitido, garantindo operações comerciais ininterruptas.
3. **Transações sem confiança** :
   - Blockchain remove a necessidade de intermediários como bancos ao permitir transações diretas peer-to-peer. Este sistema trustless depende de algoritmos criptográficos e mecanismos de consenso para verificar e registrar transações, reduzindo a dependência de instituições centralizadas.

A Ascensão das Criptomoedas : As criptomoedas foram introduzidas em 2009 por um indivíduo ou grupo sob o pseudônimo Satoshi Nakamoto, que lançou o Bitcoin. O propósito principal era revolucionar o processo de transação ignorando os bancos, resultando em taxas de transação mais baixas, transações mais rápidas e menor dependência de instituições financeiras tradicionais.

Criptomoedas notáveis :

1. **Bitcoin (BTC)** :
   - Bitcoin é a primeira e mais conhecida criptomoeda. Ela serve como uma moeda digital e uma reserva de valor, frequentemente chamada de "ouro digital".

2. **Ethereum (ETH)** :
   - Ethereum é uma plataforma descentralizada que permite contratos inteligentes e aplicativos descentralizados (dApps). Sua moeda nativa, Ether, é usada para alimentar transações e serviços computacionais na rede.
3. **Litecoin (LTC)** :
   - Muitas vezes considerado a "prata do ouro do Bitcoin", o Litecoin oferece tempos de transação mais rápidos e um algoritmo de hash diferente.
4. **Ondulação (XRP)** :
   - A Ripple se concentra em permitir pagamentos internacionais em tempo real para instituições financeiras, fornecendo uma alternativa mais rápida e econômica aos sistemas bancários tradicionais.

Considerações sobre investimento :

1. **Volatilidade** :
   - Criptomoedas são conhecidas por sua volatilidade de preço. Embora isso possa oferecer potencial de lucro significativo, também vem com risco maior. Os investidores devem estar preparados para flutuações de preço.
2. **Ambiente regulatório** :
   - O cenário regulatório para criptomoedas ainda está evoluindo. Os investidores devem se manter informados sobre desenvolvimentos legais e regulatórios que podem impactar o mercado.
3. **Segurança** :
   - Segurança é primordial em investimentos em criptomoedas. Investidores devem usar carteiras e exchanges

seguras, habilitar autenticação de dois fatores e ser cautelosos com ataques de phishing e golpes.

4. **Diversificação** :
   - Diversificar seu portfólio de criptomoedas pode ajudar a mitigar riscos. Considere investir em uma mistura de criptomoedas estabelecidas e novos projetos promissores.
5. **Perspectiva de longo prazo** :
   - Embora a negociação de curto prazo possa ser lucrativa, adotar uma perspectiva de longo prazo permite que os investidores superem a volatilidade e se beneficiem do crescimento geral do mercado de criptomoedas.

Conclusão : Investir em criptomoedas oferece o potencial para retornos significativos, mas também traz riscos inerentes. Entender a tecnologia revolucionária de blockchain, as principais vantagens das criptomoedas e as considerações para investir pode ajudar você a tomar decisões informadas. Mantenha-se informado, pratique a devida diligência e aborde o investimento em criptomoedas com cautela para construir um portfólio resiliente e diversificado.

CHAPTER 27

Gerenciando Riscos Financeiros

Gerenciar riscos financeiros é essencial para garantir a estabilidade e o crescimento de seus investimentos. Aconselhamento financeiro autoritário e vinculativo, particularmente relacionado à renda de aposentadoria e estratégias de investimento, deve se basear no método científico. Essa abordagem envolve objetivos bem definidos, análise de dados e previsões testáveis para validar métodos de investimento, como a regra dos 4%. Vamos nos aprofundar no porquê de gerenciar riscos financeiros é importante e explorar vários tipos de riscos e estratégias para mitigá-los.

Por que gerenciar riscos financeiros é importante : o gerenciamento de riscos eficaz garante que suas economias e investimentos estejam disponíveis quando você precisar deles. Seja economizando para as despesas da faculdade dos seus filhos ou preservando riqueza para a aposentadoria, proteger seus ativos da volatilidade do mercado é crucial. Se você está aposentado e conta com sua riqueza, gerenciar riscos garante que você não ficará sem dinheiro.

Riscos de Taxa de Juros : Os títulos perdem valor quando as taxas de juros aumentam. Esse risco pode impactar o valor dos seus investimentos em títulos e portfólio geral. Para gerenciar os riscos de taxa de juros, considere diversificar seus investimentos em diferentes vencimentos e tipos de títulos.

Risco do Mercado Imobiliário : O mercado imobiliário pode ser volátil. Um colapso do mercado pode transformar um investimento imobiliário aparentemente sólido em um investimento ruim. Diversificar seus investimentos imobiliários e conduzir uma pesquisa de mercado completa pode ajudar a mitigar esse risco.

Risco-país : Instabilidade política, guerra, hiperinflação ou políticas governamentais adversas podem reduzir drasticamente o valor dos seus investimentos em um país específico. Para gerenciar o risco-país, diversifique seus investimentos geograficamente e considere investimentos em economias estáveis.

Risco de negócios : Mesmo negócios estáveis podem se tornar menos lucrativos, falir ou desaparecer completamente, reduzindo o preço de suas ações a zero. Para mitigar o risco de negócios, diversifique seu portfólio de investimentos em diferentes indústrias e empresas.

Risco do Mercado de Ações : Os preços das ações podem ser imprevisíveis. Uma boa empresa pode ver o preço de suas ações despencar devido às condições de mercado ou problemas internos. Diversificar seus investimentos e empregar uma estratégia de investimento de longo prazo pode ajudar a gerenciar o risco do mercado de ações.

Tipos de riscos financeiros : Aqui estão quatro categorias principais de riscos financeiros:

1. **Riscos de mercado** :
    - Riscos de mercado estão associados a flutuações nos mercados financeiros. Isso inclui risco de mercado de ações, risco de taxa de juros e risco de mercado imobiliário.

2. **Riscos de crédito** :
    - Riscos de crédito surgem quando tomadores de empréstimo não conseguem pagar seus empréstimos. Isso pode impactar investimentos em títulos e outros títulos de renda fixa.
3. **Riscos de liquidez** :
    - Riscos de liquidez ocorrem quando você não consegue vender um investimento rapidamente sem reduzir significativamente seu preço. Isso pode afetar imóveis e certas ações.
4. **Riscos Operacionais** :
    - Riscos operacionais estão relacionados a falhas internas de uma empresa, como erros de gestão, fraudes ou falhas de sistema.

Estratégias para gerenciamento de riscos financeiros :

1. **Diversificação** :
    - Diversifique seus investimentos em diferentes classes de ativos, indústrias e regiões geográficas. Isso reduz o impacto do desempenho ruim em qualquer investimento individual.
2. **Alocação de ativos** :
    - Aloque seus investimentos com base em sua tolerância a riscos, metas de investimento e horizonte de tempo. Uma mistura equilibrada de ações, títulos e outros ativos pode ajudar a gerenciar riscos.
3. **Revisão e rebalanceamento regulares** :
    - Revise regularmente seu portfólio de investimentos e rebalanceie-o para manter sua alocação de ativos dese-

jada. Isso garante que seu portfólio permaneça alinhado com seus objetivos financeiros.

4. **Avaliação de risco** :
    - Avalie continuamente os riscos associados aos seus investimentos. Mantenha-se informado sobre as condições de mercado, tendências econômicas e desempenho da empresa.
5. **Uso de Hedge** :
    - Considere usar estratégias de hedge, como opções e futuros, para proteger seus investimentos da volatilidade do mercado.

Conclusão : Gerenciar riscos financeiros é crucial para alcançar estabilidade financeira e crescimento de longo prazo. Ao entender diferentes tipos de riscos e implementar estratégias eficazes de gerenciamento de riscos, você pode proteger seus investimentos e garantir que suas metas financeiras sejam cumpridas. Lembre-se, a chave para o gerenciamento de riscos bem-sucedido é a diversificação, revisão regular e uma abordagem proativa para identificar e mitigar riscos potenciais.

CHAPTER 28

Construindo uma base financeira sólida

O ponto de partida para nossa jornada em direção à liberdade financeira é o desenvolvimento e o comprometimento com sua estrutura operacional única, conhecida como o Blueprint Operacional. Este blueprint serve como seu plano abrangente para obter controle financeiro e lidar com as ameaças financeiras da vida. O processo de criação do seu Blueprint Operacional deve ser lógico e emocional, exigindo investimento em tempo e esforço. Concluir essas etapas iniciais fornecerá a você o foco necessário para superar os desafios financeiros — um pré-requisito essencial para construir uma vida bem-sucedida.

Criando seu Blueprint Operacional : Seu Blueprint Operacional pessoal identificará soluções claras, estratégicas e táticas para cada ameaça financeira, juntamente com planos priorizados para alcançá-los. Este blueprint o guiará na incorporação de ferramentas, técnicas e estratégias que equilibram seus desejos de gastos enquanto maximizam a eficiência de seu maior ativo: Sua Máquina de Fazer Dinheiro . Ao executar com sucesso seu Blueprint Operacional, você pode integrar ferramentas e técnicas financeiras modernas, levando a resultados significativos e confiáveis.

Estabelecendo as bases : Assim como você precisa andar antes de poder correr, você deve estabelecer uma base financeira sólida antes de construir um futuro financeiro seguro. A primeira parte do Financial Freedom Blueprint se concentra em estabelecer essas bases. Décadas de experiência mostraram que, sem uma base sólida, os indivíduos não podem se beneficiar totalmente das ideias, técnicas e tecnologias disponíveis para eles em sua jornada para a liberdade financeira. Por exemplo, entregar a um adolescente as chaves de um carro de corrida de Fórmula 1 sem nenhuma experiência de direção seria tolice. Em vez disso, você os ajudaria a dominar os fundamentos da direção, garantindo que eles estejam bem preparados para competir nos níveis mais altos.

Componentes de uma base financeira sólida :

1. **Orçamento e Poupança** :
    - Criar um orçamento é a pedra angular do planejamento financeiro. Acompanhe sua renda e despesas, identifique áreas onde você pode cortar custos e priorize a economia. Construir um fundo de emergência com pelo menos três a seis meses de despesas de subsistência é crucial.
2. **Gestão de dívidas** :
    - Lidar e reduzir dívidas de juros altos é essencial para a estabilidade financeira. Desenvolva um plano para pagar dívidas de cartão de crédito, empréstimos estudantis e outros passivos. Considere usar estratégias como o método bola de neve ou avalanche para acelerar o pagamento da dívida.
3. **Seguros e Gestão de Riscos** :

- Proteger a si mesmo e seus bens com seguro apropriado é vital. Garanta que você tenha seguro de saúde, vida, invalidez e propriedade para mitigar riscos financeiros.

4. **Planejamento de aposentadoria** :
   - Comece a economizar para a aposentadoria o mais cedo possível. Contribua para planos de aposentadoria patrocinados pelo empregador, como 401(k)s e contas individuais de aposentadoria (IRAs). Aproveite as contribuições correspondentes do empregador e as contas com vantagens fiscais.
5. **Estratégia de Investimento** :
   - Desenvolva uma estratégia de investimento diversificada que se alinhe com sua tolerância a riscos e objetivos financeiros. Considere uma mistura de ações, títulos, imóveis e outras classes de ativos para distribuir riscos e maximizar retornos.
6. **Planejamento Patrimonial** :
   - Criar um testamento e estabelecer um plano patrimonial garante que seus ativos sejam distribuídos de acordo com seus desejos. Considere estabelecer trusts e designar beneficiários para proteger seu legado.

Implementando ferramentas e técnicas modernas : Integrar ferramentas, brinquedos e técnicas financeiras modernas pode aumentar a eficácia do seu Blueprint Operacional. Utilize aplicativos de orçamento, plataformas de investimento e software de planejamento financeiro para agilizar seus processos de gerenciamento financeiro. Essas ferramentas podem ajudar você a monitorar o progresso, tomar decisões informadas e ficar por dentro de suas metas financeiras.

Conclusão : Construir uma base financeira sólida é essencial para alcançar sucesso financeiro de longo prazo. Ao desenvolver seu

Blueprint Operacional, dominar os fundamentos da gestão financeira e incorporar ferramentas e técnicas modernas, você pode criar um futuro financeiro seguro e próspero. Lembre-se, a chave para a liberdade financeira é uma base sólida, planejamento estratégico e execução disciplinada.

CHAPTER 29

Acompanhando e avaliando seu progresso

Acompanhar e avaliar seu progresso financeiro é crucial para atingir metas financeiras de longo prazo e obter liberdade financeira. Ao avaliar regularmente seu status financeiro, você pode identificar áreas para melhoria e tomar decisões informadas para acelerar suas conquistas financeiras. Vamos explorar as principais etapas para acompanhar e avaliar seu progresso de forma eficaz.

Calculando a porcentagem de giro : A porcentagem de giro mede o lucro ou a perda de seus ativos ao longo do tempo. Para calcular essa porcentagem:

1. Encontre o saldo registrado para cada tipo de investimento.
2. Calcule o percentual de juros obtido sobre o saldo.
3. Considere o saldo anterior registrado e a renda auferida em um período específico.
4. Avalie a porcentagem de faturamento anualmente ou trimestralmente para um acompanhamento consistente.

Calculando o Saldo da Poupança : Para avaliar o seu saldo de poupança:

1. Indique os juros coletados em todas as contas de poupança.
2. Exclua juros pagos sobre empréstimos, a menos que a atividade esteja relacionada à geração de riqueza por meio de empréstimos de dinheiro.
3. Registre quanto de juros foi pago a você, permitindo que você avalie o percentual de faturamento alocado para empréstimos .
4. Inclua fundos de zakat e monitore quaisquer dívidas ruins. Não há necessidade de inserir empréstimos reembolsados na conta.

Etapas para monitorar e avaliar o progresso financeiro :

1. **Defina metas financeiras claras** :
   - Defina metas financeiras de curto e longo prazo. Essas metas fornecem uma direção clara e ajudam você a manter o foco em sua jornada financeira.
2. **Crie um orçamento** :
   - Mantenha um orçamento detalhado para rastrear sua renda e despesas. Isso ajuda a identificar padrões de gastos, reduzir despesas desnecessárias e alocar fundos para poupança e investimentos.
3. **Monitorar Investimentos** :
   - Revise regularmente seu portfólio de investimentos. Calcule a porcentagem de giro e avalie o desempenho de cada investimento. Faça ajustes conforme necessário para alinhar com suas metas financeiras.
4. **Acompanhe as economias** :
   - Fique de olho em suas contas de poupança. Monitore os juros ganhos e garanta que você está atingindo suas

metas de poupança. Atualize regularmente seus registros para refletir quaisquer alterações.

5. **Avalie a gestão da dívida** :
   - Revise o progresso do pagamento da sua dívida. Certifique-se de que você está no caminho certo para pagar dívidas de juros altos e considere estratégias para acelerar o pagamento da dívida.
6. **Avaliação do patrimônio líquido** :
   - Calcule seu patrimônio líquido periodicamente. Isso envolve subtrair seus passivos de seus ativos. Acompanhar seu patrimônio líquido ajuda você a entender sua saúde financeira geral e seu progresso.
7. **Ajustar estratégias** :
   - Com base em suas avaliações, ajuste suas estratégias financeiras conforme necessário. Isso pode envolver realocação de investimentos, aumento de poupança ou implementação de novas técnicas de gerenciamento de dívidas.
8. **Procure aconselhamento profissional** :
   - Considere consultar um consultor financeiro para obter insights de especialistas e garantir que você esteja no caminho certo. A orientação profissional pode ajudar você a otimizar suas estratégias financeiras e atingir seus objetivos de forma mais eficiente.

Conclusão : Acompanhar e avaliar seu progresso financeiro é essencial para alcançar a liberdade financeira. Ao calcular porcentagens de giro, monitorar economias e revisar regularmente seu status financeiro, você pode tomar decisões informadas para melhorar seu bem-estar financeiro. Mantenha-se comprometido com suas metas financeiras, faça os ajustes necessários e busque aconselhamento profissional para garantir sucesso a longo prazo.

CHAPTER 30

Superando Obstáculos Financeiros

A escassez de dinheiro quando se trata de economizar geralmente tem mais a ver com como você organiza suas finanças do que com quanto você ganha a cada mês. Alcançar uma vida próspera cheia de realizações requer dominar mais do que apenas economizar. É sobre se tornar alguém que busca constantemente o autoaperfeiçoamento, se esforça para alcançar a excelência em tudo o que faz, valoriza as pessoas e se compromete a dar o seu melhor todos os dias. Simplificando, é difícil ver alguém falido enquanto tem milhões no banco, destacando que a liberdade financeira não é apenas ter dinheiro, mas entender seu verdadeiro valor e propósito.

Entendendo a Poupança : Economizar significa pegar uma parte da sua renda e garanti-la para uso futuro. Esse conceito garante a longevidade dos seus ganhos. Se você não entende isso, pode pensar que trabalhar mais para ganhar mais dinheiro é a solução para economizar. No entanto, se você não estiver economizando do que tem agora, não economizará de nenhum dinheiro adicional que receber mais tarde.

O Segredo da Prosperidade : Se você aspira ter sucesso na carreira e se destacar na área escolhida, o profissionalismo deve fazer parte da sua jornada. Isso envolve sempre dar mais do que você recebe. Acredito firmemente que esse é o grande segredo da vida: estar disposto a fazer o que for preciso para atingir a excelência e estar comprometido com o autoaperfeiçoamento contínuo.

O Dilema da Poupança : Muitas pessoas acham que não conseguem poupar porque procuram dinheiro "sobra" para poupar em vez de poupar da sua renda atual. Elas veem a sua renda como o que resta para gastar, incluindo o dinheiro que poupam. Esta mentalidade garante dificuldades de poupança. A chave é adotar a lógica de pagar a si mesmo primeiro: poupar primeiro e gastar depois. Esta pequena mudança — priorizar a poupança como a principal prioridade em vez de uma prioridade inferior — permite que qualquer pessoa poupe dinheiro.

Passos para superar obstáculos financeiros :

1. **Orçamento** :
   - Crie um orçamento detalhado que acompanhe sua renda e despesas. Identifique áreas onde você pode cortar e alocar uma parte de sua renda para poupança.
2. **Pague a si mesmo primeiro** :
   - Trate suas economias como uma despesa não negociável. Configure transferências automáticas para sua conta poupança assim que receber seu salário. Isso garante que economizar se torne um hábito.
3. **Defina metas financeiras claras** :
   - Defina objetivos financeiros específicos, como construir um fundo de emergência, economizar para a entrada de uma casa ou planejar a aposentadoria. Objetivos claros fornecem motivação e direção.
4. **Reduzir a dívida** :

    - Concentre-se em pagar dívidas de juros altos o mais rápido possível. Reduzir dívidas libera mais dinheiro para poupar e investir.
5. **Aumente sua renda** :
    - Procure oportunidades para aumentar sua renda, como fazer um trabalho paralelo, ser freelancer ou buscar uma promoção no trabalho. Renda adicional pode acelerar suas metas de economia.
6. **Mantenha-se disciplinado** :
    - Evite compras por impulso e gastos desnecessários. Mantenha-se fiel ao seu orçamento e plano de poupança, mesmo quando for desafiador.
7. **Procure aconselhamento profissional** :
    - Considere consultar um consultor financeiro para desenvolver um plano financeiro personalizado. A orientação profissional pode ajudar você a navegar por decisões financeiras complexas e permanecer no caminho certo.

Conclusão : Superar obstáculos financeiros requer uma mudança de mentalidade e hábitos financeiros disciplinados. Ao entender o verdadeiro significado de economizar, priorizar suas metas financeiras e se esforçar continuamente pela excelência, você pode construir um futuro próspero e financeiramente seguro. Lembre-se, o segredo para a liberdade financeira está em dar o seu melhor consistentemente e tomar decisões financeiras informadas e intencionais.

Conclusão

Neste guia de finanças pessoais e roteiro para a construção de riqueza, buscamos fornecer uma educação densa e independente sobre como o panorama geral do dinheiro e da riqueza funciona. Acreditamos firmemente que entender o todo capacita cada parte com integridade, clareza e franqueza. Depois de digerir esses Fundamentos das Finanças, você pode passar para os projetos e estratégias para riqueza: o corpo principal do texto. Vamos nos aprofundar no tecido lógico que costura nossa compreensão de dinheiro e riqueza desde os primeiros princípios. Nossa tarefa nos capítulos de fundação foi desenvolver uma compreensão do nosso mundo financeiro desde os conceitos mais básicos, incluindo as definições de finanças, dinheiro e riqueza.

Adotar esse modelo de liberdade financeira é um dos melhores investimentos que você pode fazer. O domínio dessas ideias específicas o capacitará a tomar decisões informadas e inteligentes em áreas práticas e financeiras de planejamento patrimonial. Também esperamos que, por meio das lentes desses pensamentos, você não apenas obtenha novos insights sobre finanças pessoais e investimentos, mas também seja encorajado a viver uma vida mais equilibrada e com mais propósito. Quantas pessoas você conhece que são tão consumidas e obcecadas por dinheiro, trabalho e outras "coisas importantes" que negligenciam seu próprio bem-estar e o de sua família?

Ao adotar os princípios e estratégias descritos neste guia, você pode evitar cair nessa armadilha. Em vez disso, você pode alcançar a liberdade financeira enquanto mantém uma vida saudável e gratificante. Lembre-se, a jornada para a liberdade financeira não é apenas sobre acumular riqueza, mas também sobre encontrar equilíbrio e propósito em todos os aspectos da sua vida.

À medida que você avança, tenha em mente estas principais conclusões:

- **Educação Financeira** : Eduque-se continuamente sobre finanças pessoais e investimentos.
- **Definição de metas** : defina metas financeiras claras e alcançáveis e crie um plano para alcançá-las.
- **Disciplina e Consistência** : Mantenha-se disciplinado em seus hábitos financeiros e seja consistente em seus esforços.
- **Equilíbrio** : Busque uma vida equilibrada que priorize tanto o sucesso financeiro quanto a realização pessoal.
- **Adaptabilidade** : Esteja preparado para adaptar suas estratégias conforme as circunstâncias mudam e esteja sempre aberto ao aprendizado e ao crescimento.

Esperamos que este guia tenha fornecido a você as ferramentas, o conhecimento e a inspiração necessários para embarcar em sua jornada para a liberdade financeira. Que você encontre sucesso, felicidade e equilíbrio em todos os seus empreendimentos.

www.ingramcontent.com/pod-product-compliance
Lightning Source LLC
LaVergne TN
LVHW060132051026
849517LV00007B/2461
* 9 7 9 8 3 4 8 4 5 5 6 7 5 *